UN TUR LUMIAL AL SANDWICHURILOR DE BRÂNZĂ LA GRĂTAR

100 de rețete magnifice și delicioase pentru sandvișurile tale cu brânză la grătar de făcut acasă

Catrinel Ciobanu

Toate drepturile rezervate.

Disclaimer

Informațiile conținute în această carte electronică sunt menite să servească drept o colecție cuprinzătoare de strategii despre care autorul acestei cărți electronice a făcut cercetări. Rezumatele, strategiile, sfaturile și trucurile sunt doar recomandări ale autorului, iar citirea acestei cărți electronice nu va garanta că rezultatele cuiva vor oglindi exact rezultatele autorului. Autorul cărții electronice a depus toate eforturile rezonabile pentru a furniza informații actuale și exacte pentru cititorii cărții electronice. Autorul și asociații săi nu vor fi făcuți la răspundere pentru orice eroare sau omisiuni neintenționate care ar putea fi găsite. Materialul din cartea electronică poate include informații de la terți. Materialele terților cuprind opinii exprimate de proprietarii acestora. Ca atare, autorul cărții electronice nu își asumă responsabilitatea sau răspunderea pentru orice material sau opinii ale terților.

Cartea electronică este copyright © 2021 cu toate drepturile rezervate. Este ilegal să redistribuiți, să copiați sau să creați lucrări derivate din această carte electronică, integral sau parțial. Nicio parte a acestui raport nu poate fi reprodusă sau retransmisă sub nicio formă, fără permisiunea scrisă exprimată și semnată din partea autorului.

CUPRINS

CUPRINS 4
INTRODUCERE 8
   De ce ne place tuturor Sandwich-ul cu brânză la grătar 8
   Prepararea sandvișurilor cu brânză la grătar 10
   Alegerea Brânzei 11
BRÂNZĂ LA GRĂTAR 18
  1. Ricotta Granola Crumble Brânză la grătar 19
  2. Lasagna Branza la Gratar 22
  3. Brânză italiană clasică la grătar 25
  4. Brânză la grătar de chiftele mediteraneene 28
  5. Pesto cu spanac și brânză la grătar cu avocado 31
  6. Căpșuni Busuioc Prosciutto Brânză la grătar 34
  7. Unt de ricotta și gem de brânză la grătar 36
  8. Brânză la grătar cu pui de bivoliță 38
  9. Pizza cu legume cu brânză la grătar 41
  10. Brânză la grătar de pui și vafe 44
  11. Brânză la grătar cheddar și aluat 47
  12. Sandviș cu brânză la grătar 50
  13. Spanac și mărar Havarti pe pâine 52
  14. Jack la grătar pe secară cu muștar 55
  15. Radicchio & Roquefort pe Pain au Levain 58
  16. Brânză la grătar cu usturoi pe secară 61
  17. Brânză topită și murătură britanică 64
  18. Mozzarella proaspătă, prosciutto și gem de smochine 66
  19. Roast Beef rară cu brânză albastră 69
  20. Leicester roșu cu ceapă 71
  21. Spanac și mărar Havarti pe pâine 74
  22. Cheddar la grătar și murătură cu mărar 77

23.	HARRY'S BAR SPECIAL	79
24.	CROSTINI ALLA CARNEVALE	82
25.	BRUSCHETTA DINTR-O MĂSLINE	85
26.	CASSE CROÛTE DE BRÂNZĂ ALBASTRĂ ȘI GRUYÈRE	88
27.	COMTÉ CROCANT CU TRUFE CU CHANTERELE NEGRE	91
28.	PÂINE PRĂJITĂ CU BRÂNZĂ DE CAPRĂ CU CONDIMENTE	95
29.	SANDVIȘURI ROQUEFORT ȘI MARMELADĂ DE SFECLĂ	98
30.	BOCADILLO DIN INSULA IBIZA	102
31.	SANDVIȘ LA GRĂTAR CLUB	106
32.	WELSH RAREBIT CU OU POȘAT	110
33.	ȘUNCĂ LA GRĂTAR, BRÂNZĂ ȘI ANANAS	113
34.	O MUFFALETTA FIERBINTE	116
35.	SANDWICH CUBANEZ	119
36.	BRÂNZĂ LA GRĂTAR PARIZIANĂ	123
37.	BOCADILLO DIN INSULA IBIZA	125
38.	ROȘII ȘI BRÂNZĂ MAHON PE PÂINE CU MĂSLINE	128
39.	SANDWICH CU EMMENTALER ȘI PERE	131
40.	PUMPERNICKEL ȘI GOUDA LA GRĂTAR	134
41.	BRÂNZĂ MAHON PE PÂINE CU MĂSLINE NEGRE	137
42.	CURCAN AFUMAT, TALEGGIO ȘI GORGONZOLA	140
43.	JARLSBERG TOPIT PE ALUAT	143
44.	TORTA DE PUI, QUESO FRESCO ȘI GOUDA	146
45.	PANINI DE VINETE PARMIGIANA	150
46.	VINETE LA GRATAR SI CHAUMES,	154
47.	CIUPERCI ȘI BRÂNZĂ TOPITĂ PE PAIN AU LEVAIN	158
48.	BRÂNZĂ SICILIANĂ SFĂRÂITĂ CU CAPERE ȘI ANGHINARE	162
49.	SANDVIȘ SCALOPPINE ȘI PESTO	165
50.	QUESADILLAS, PIADINE ȘI SANDVIȘURI CU PITA	169
51.	MOZZARELLA, BUSUIOC PIADINE	172
52.	QUESADILLA PE TORTILLA CU DOVLEAC	175
53.	PEPPERONI, PROVOLONE & PECORINO PITA!	180
54.	QUESADILLA CU BRÂNZĂ DE OAIE LA GRĂTAR	183
55.	CHEDDAR LA GRĂTAR, CHUTNEY ȘI CÂRNAȚI	185
56.	PROSCIUTTO & TALEGGIO CU SMOCHINE PE MESCLUN	188

57. Fontina cu Rucola, Mizuna & Pere 192
58. Sandvișuri Chèvre în salată 196
59. Sandvișuri Halloumi sfârâite cu lime 199
60. Pâine prăjită cu trufe și salată de rucola 202
61. Pâine prăjită cu căpșuni și cremă de brânză 205
62. Sandvișuri cu budincă de pâine 209
63. Burger cu cereale și brânză 214
64. Burger Black Angus cu brânză cheddar 217
65. Sandviș cu brânză americană la grătar și roșii 220
66. Măr și brânză la grătar 222
67. Pachete de vinete la gratar si branza 225
68. Sandvișuri cu brânză albastră la grătar cu nuci 228
69. Sandvișuri cu brânză cheddar și șuncă la grătar 231
70. Petrecere Branza si bacon la gratar 234
71. Bruscheta cu branza la gratar 236
72. Înghițitori de brânză la grătar 238
73. Brânză la grătar în pâine prăjită 240
74. Pâine de brânză la grătar 242
75. Placintă cu sandvici cu brânză la grătar 244
76. Branza la gratar cu anghinare 247
77. Branza la gratar cu olivada 249
78. Branza la gratar cu curcan afumat si avocado 251
79. Pui la grătar pe pâine prăjită cu brânză de capră 254
80. Sandviș cu brânză-chipotle la grătar 257
83. Piept de pui umplut cu branza dubla la gratar 260
84. File de vita la gratar cu branza albastra 263
85. Sandvișuri cu fantomă la grătar și brânză de dovleac 267
86. Branza de capra la gratar in frunze proaspete de struguri .. 271
87. Brânză italiană la grătar 274
88. Sandviș cu brânză deschisă și roșii 276
89. Aluat, roșii, brânză roșie și albastră 278
90. Portobello Po'Boys 281
91. Sloppy Bulgur Sandwichs 284
92. Sandvișuri Muffaletta 287

GARNITURI 290

93. Supă de roșii 291
94. Pâine cu dovlecei și dovlecei de vară 294
95. Ardei prăjiți dulci și acrișori 297
96. Muștar chutney-curry 300
97. Muștar cu eșalotă și arpagic 302
98. Muștar de ghimbir proaspăt 304
99. Muștar însorit cu citrice 306
100. Muștar provensal cu ardei roșu și usturoi 308

CONCLUZIE 310

INTRODUCERE

De ce ne place tuturor Sandwich-ul cu brânză la grătar

Prăjite crocant în tigaie sau prăjite cu fața deschisă până la un sfârâit topit, există puține lucruri mai ispititoare decât un sandviș cu brânză la grătar.

Pâinea prăjită maro-aurie se croștește pe exterior în timp ce muşcaţi din el, dând brânza moale, fierbinte şi curgătoare. Primiţi o val de plăcere şi un fior atât de interzis, cât şi de familiar: acea crocantă untoasă a pâinii pământeşti cu stratul ei de brânză caldă care se topeşte. Brânza şi pâine prăjită cu unt pot fi un lux alimentar în zilele noastre, poate chiar tabu pentru unii; totuşi sandvişurile cu brânză la grătar sunt echivalentul culinar al unei pături confortabile. Un sandviş cu brânză la grătar este probabil ceea ce te-a hrănit mama ta, şcoala ta, iar copilăria ta. Şi s-ar putea să fie ceea ce vă hrăniţi pe voi înşivă şi pe prietenii apropiaţi şi familia, cel puţin ocazional.

Sandvişurile cu brânză la grătar pot fi unul dintre cele mai simple lucruri de făcut, ceva pe care îl poţi face aproape la orice oră cu ingrediente chiar acolo, în bucătărie, în mai puțin de câteva minute. Micul dejun, prânzul, cina, după școală sau gustarea la miezul nopții... toate sunt momentul perfect pentru un sandviș cu brânză la grătar.

Prepararea sandvișurilor cu brânză la grătar
Nu aveți nevoie cu adevărat de obiecte speciale, deși există unele delicioase care creează un exterior crocant, cu brânză topită în interior. Există prese care stropesc rulourile de grăsime, excelente pentru panini italieni, sandvișuri cubaneze, bocadillos și brânză veche simplă la grătar. Și există dispozitive de fabricare a sandvișurilor care presează strâns, strâns, atât de strâns, marginile exterioare ale pâinii, încât să încapă brânza topită fierbinte. (Acestea din urmă erau foarte populare în Marea Britanie în anii șaizeci – mi s-a spus că nu exista o gospodărie fără una.) Dar într-adevăr, o tigaie grea bună – de preferință antiaderentă – face smecheria pentru sandvișurile cu brânză la grătar și un broiler. funcționează perfect pentru cei cu fața deschisă.

Deși sandvișurile cu brânză la grătar nu pot fi decât pâine și brânză rumenite, un pic de înfrumusețare le duce într-un plan complet diferit: stimulant, incitant, îndrăznesc să spun, palpitant?

Puțini pot rezista unei asemenea tentații crocante, aurii și curgătoare; Știu că nu pot niciodată.

Alegerea Brânzei

Principalul criteriu de alegere a brânzei tale este dacă se topește sau nu.

Nu toate brânzeturile se topesc. Brânzeturile hispanice precum panela nu se topesc; nici anari cipriot, halloumi sau brânză italiană de munte, precum cea pe care am mâncat-o cândva în Assisi, prăjită la foc deschis. Astfel de brânzeturi sunt delicioase servite sfârâind de la sine, dar sunt inutile în sandvișurile cu brânză la grătar.

Pe de altă parte, brânzeturile foarte cremoase, delicate ca aromă, moi și catifelate ca textură, aproape că se topesc deja. Nu își păstrează caracterul și integritatea într-un sandviș cu brânză la grătar. Asociați-le cu o altă brânză mai fermă, mai asertivă, mai sassier.

Majoritatea brânzeturilor ferme care se feliează sunt vânat pentru grătar și pot fi folosite interschimbabil cu altele de caracter similar.

Pentru a ajuta la alegere, iată un mini-ghid de tipuri de brânză, clasificate după aromă și textură.

    A. Brânzeturile NECONCEPTE nu sunt supuse unui proces de maturare. Acestea includ brânză de vaci, brânză cremă, mascarpone, brânză moale de capră, fromage blanc, Quark, panir indian, Robiola, Requeson spaniol și hispanic, ricotta sau brânză de iaurt simplă, labna. Sunt blânde, lăptoase și moi; dacă sunt folosite în sandvișurile cu brânză la grătar, acestea tind să ruleze necontrolat, așa că trebuie să fie asociate cu o brânză mai fermă și mai robustă.

B. MOZZARELLA PROASPĂTĂ, pe de altă parte, a fost făcută pentru a se topi în șiruri seducătoare de mestecat, în stil pizza. Se potrivește bine cu roșii, usturoi și arome italiene, precum și salsa mexicană sau cu condimente cu curry indian.

C. FETA CHEESE este o brânză semi-proaspătă făcută din caș presat; se topește parțial și este delicios în sandvișurile cu brânză la grătar atunci când este asociat cu alte brânzeturi mai topibile, cum ar fi Jack sau mozzarella.

D. Brânzeturile cu cremă dublă și triplă sunt puternic îmbogățite cu cremă. Pentru sandvișurile cu brânză la grătar, acestea sunt cel mai bine așezate pur și simplu pe pâine prăjită fierbinte și lăsate să se topească ușor de la căldura pâinei prăjite, mai degrabă decât gătite într-o tigaie.

E. Brânzeturile BLANDE, BUSE ȘI UȘOR TOPITE au o aromă blândă, suple și cu textură semi-ferme. Lista include olandeză Edam și Gouda, menonita hispanica și Asadero, Bel Paese, Muenster și națională sau daneză. Provolone, provatura și scamorza sunt toate brânzeturile ușoare italiene, adesea transformate în deliciul clasic de brânză romană la grătar: stratificate pe pâine, acoperite cu o hamsie sau două, apoi prăjite până sfârâie.

F. Brânzeturile moale și aromate maturate includ Reblochon, Tommes, Chaumes și Tomme de Montagne, precum și brânzeturile mănăstirii. Dezvoltate de-a lungul secolelor în mănăstirile europene, acestea includ Port Salut, Saint Paulin, Esrom, Tilsit și Havarti. Sunt bogate și delicate; unii, cum ar fi Taleggio și întreaga familie Stracchino, se îndreaptă spre categoria destul de bogată și mereu atât de puturosă, deși delicioasă.

G. Brânzeturile în stil elvețian au de obicei coji dure și interioare presărate cu găuri cauzate de expansiunea gazului din cheagul de brânză în timpul perioadei de maturare.

H. Brânzeturile ferme, pline de aromă sunt aurii și aromate, dar nu mirositoare; aceste brânzeturi se topesc delicios. Pot fi lapte de vacă, de capră sau de oaie sau o combinație a tuturor celor trei. Manchego spaniol, Asiago mediu, Mahon, Gouda în vârstă, Idiazabal, Ossau Iraty Brebis, fontina italiană, caciocavallo, Montasio, tomme de Savoie și mezzo secco delicioasă a lui Ig Vella sau un Sonoma Jack parțial îmbătrânit - toate merită căutate.

I. Brânzeturile în stil Cheddar sunt unele dintre cele mai răspândite brânzeturi din lume. Un bun exemplu de brânză va avea o textură fermă, cu un gust clar, moale. Când este tânăr, Cheddar este blând, moale și oarecum cauciuc; pe măsură ce se maturizează, dezvoltă o mușcătură ascuțită și acidulată, precum și un element de sfărâmiciozitate uscată.

J. Brânzeturile englezești precum Gloucester, Cheshire, Leicester, Lancashire, Derby, Wensleydale și Caerphilly aparțin familiei Cheddar. Wensleydale și Caerphilly, totuși, sunt mai tanger și mai sfărâmicioase, mai puțin topibile (asortați-le cu o brânză mai cremoasă pentru sandvișurile cu brânză la grătar).

K. Brânzeturile EXTRA TARI, cum ar fi parmezanul, Asiago învechit, locatelli Romano, pecorino (făcut din lapte de oaie), brânzeturile de munte din insulele grecești precum kofalotiri, grana, dry Jack, Sbrinz, Cotija și Enchilado sunt toate cunoscute pentru excepționalitatea lor. textura tare și aroma lor puternică și ascuțită. Unele, cum ar fi parmezanul, au o aromă ușor de nucă. Majoritatea acestor brânzeturi trebuie să fie rase fin sau rase pentru o topire optimă.

L. Brânzeturile cu vene albastră se caracterizează printr-o pulpă venată cu albastru, albastru-verde sau verde, precum și arome înțepătoare și arome picante

M. Brânzeturile înflorite sau cu coajă înflorată, cum ar fi Camembert, Brie, Coulommiers și Affinois/pavé d'Affinois sunt astfel denumite datorită coajei ușoare, albe, care crește pe suprafața lor, rezultatul tratamentului lor cu sporul candidat Penicillium. Interiorul acestor brânzeturi ar trebui să fie moale și de culoarea fânului, sau cremă bogată.

N. Brânzeturile de capră și de oaie au gust diferit față de brânzeturile din lapte de vacă. În general, au o miros de curte. Ele pot fi proaspete și acidulate sau formate și îmbătrânite la o varietate de forme și dimensiuni.

O. Brânzeturile condimentate sau cu arome pot fi neplăcute și vulgare pe o tablă de brânză, dar sunt topite perfect între capacele de pâine.

P. Brânzeturile Afumate pot fi orice fel de brânză, tratate cu fum de lemn. Provolone și mozzarella se afumă foarte bine (și sunt deosebit de bune într-un sandviș cu ceapă caramelizată în puțin oțet balsamic).

Q. Brânzeturile cu miros puternic, cum ar fi Limburger, Bishop împuțit, Maroilles, Livarot, Pont l'Eveque și Epoisses, s-ar putea să nu fie adăugiri sociabile la fiecare sandviș cu brânză la grătar, dar pălmuite între felii subțiri de nichel negru cu felii subțiri de hârtie de ceapă, sau stratificată pe baghetă prăjită.

R. BRÂNZĂ PROCESATĂ este de obicei făcută din unul sau două tipuri diferite de brânză amestecate împreună, apoi rotite și încălzite. Ca urmare, procesul de coacere a acestuia este oprit. Nu poate dezvolta niciodată caracterul individual, deoarece microorganismele care creează astfel de lucruri se pierd în procesare.

BRÂNZĂ LA GRĂTAR

1. Ricotta Granola Crumble Brânză la grătar

Ingrediente:

- 15 oz. Ricotta
- 4 ouă
- 1/2 cană lapte
- 8 felii de panceta
- 1 ceapă roșie mică, feliată subțire
- 5 linguri de unt înmuiat, împărțit
- 1/2 cană de zahăr brun
- 2 cani de granola
- 8 felii de pâine învârtită cu scorțișoară

Directii:

a) Bateți ouăle cu laptele și lăsați-le deoparte.

b) Adăugați pancetta în tigaia preîncălzită și gătiți până devine crocantă la foc mediu-înalt. Scoateți și lăsați deoparte.

c) Pune ceapa în tigaia preîncălzită cu 1 lingură de unt. Odată ce ceapa începe să se gătească, adăugați zahăr brun și gătiți până se înmoaie.

d) Adăugați granola într-un castron și puneți-l lângă bolul cu ouă.

e) Întindeți felii de pâine și întindeți unt pe o parte a fiecărei felii, folosind 2 linguri de unt în total. Pe partea neunsă, întindeți un strat gros de ricotta.

f) Acoperiți ricotta cu ceapă și pancetta și acoperiți cu felia de pâine rămasă. Când este închis, înmuiați întregul sandviș în amestecul de ouă și transferați în granola pentru a acoperi complet toate părțile.

g) Preîncălziți o tigaie antiaderență și topiți 2 linguri de unt la foc mic până la mediu. Odată ce untul este topit, adăugați sandvișul și gătiți aproximativ 90 de secunde, apăsând cu o spatulă. Întoarceți și repetați până devine crocant. Scoateți, tăiați și serviți.

2. Lasagna Branza la Gratar

Ingrediente:

- 16 oz. Mozzarella, feliată
- 15 oz. Ricotta
- 2 linguri parmezan ras, împărțit 1/2 linguriță piper negru
- 1 lingurita usturoi proaspat, tocat
- 16 oz. Carne de vită
- 1 linguriță busuioc proaspăt, amestecat
- 8 felii de pâine italiană
- 2 linguri de unt moale
- 1 lingurita praf de usturoi
- 16 oz. sos de rosii, impartit

Directii:

a) Într-un bol de amestecare combinați ricotta, 1 linguriță de parmezan, piper negru, usturoi și busuioc. Pus deoparte.

b) Încinge o tigaie mare la foc mediu-înalt. Gatiti si amestecati carnea de vita tocata pana se rumeneste complet, aproximativ 7-10 minute.

c) Așezați pâinea, untul pe o parte și pudrați cu praf de usturoi și parmezan rămas.

d) Pe partea neunsă a 4 bucăți, întindeți amestecul de ricotta (aproximativ 1-2 linguri pe fiecare bucată). Așezați carnea de vită fiartă pe ricotta, urmată de feliile de mozzarella. Pe celelalte 4 bucăți, întindeți 1-2 linguri de sos de roșii și puneți pe mozzarella pentru a închide sandvișurile.

e) Mutați într-o tigaie preîncălzită la foc mediu și gătiți aproximativ 90 de secunde, apăsând cu o spatulă. Întoarceți și repetați până când brânza se topește și este maro auriu.

f) Scoateți, tăiați și serviți cu sosul de roșii rămas pentru a înmuia sau acoperi sandvișul.

3. Brânză italiană clasică la grătar

Ingrediente:

- 16 oz. Mozzarella, feliată
- 2 linguri parmezan ras
- 4 chifteluțe de cârnați
- 1 ardei verde, feliat subțire
- 1 ardei roșu, feliat subțire
- 1 ceapă mică, feliată subțire
- 1/4 cană ulei de măsline
- 3/4 lingurite praf de usturoi
- 8 felii de pâine italiană
- 2 linguri de unt moale

Directii:

a) Gătiți chiftelele de cârnați la o temperatură internă de 165 de grade F pe grătar sau într-o tigaie pentru grătar.

b) Puneți ardeii și ceapa tăiate felii pe o tavă de copt. Ungeți ușor cu ulei și pudrați cu pudră de usturoi. Coaceți la 375 de grade F timp de 10 minute până se înmoaie.

c) Întindeți feliile de pâine și întindeți unt pe o parte. Se condimentează partea unsă cu unt cu pudră de usturoi și parmezan.

d) Pe partea neunsă, puneți o felie de mozzarella, chifle de cârnați, ardei și ceapă și terminați cu mai multă mozzarella.

e) Se inchide sandviciul si se pune intr-o tigaie antiaderenta la foc mediu. Fierbeți aproximativ un minut, apăsând cu o spatulă.

f) Întoarceți și repetați până când brânza se topește și este maro auriu. Scoateți, tăiați și serviți.

4. Brânză la grătar de chiftele mediteraneene

Ingrediente:

- 16 oz. Mozzarella, feliată
- 15 oz. Ricotta
- 2 linguri de parmezan, împărțit
- 8 felii de pâine italiană, tăiate gros
- 2 linguri de unt moale
- 16 oz. sos de rosii
- 4 uncii. sos pesto sau 12-16 frunze proaspete de busuioc, amestecate cu 1/4 cană ulei de măsline
- 2 crengute de menta proaspata (aprox. 12-16 frunze), tocate
- 8 – 2 oz. chiftele congelate (fierte), feliate

Directii:

a) Așezați felii de pâine. Întindeți unt pe o parte a fiecăruia și pudrați 1 linguriță de parmezan pe părțile cu unt.

b) Întoarceți, iar pe părțile neunse cu unt întindeți sos de roșii și un strat gros de brânză ricotta. Ungeți pesto pe brânză, urmat de mentă tocată și parmezan rămas. Apoi, stratificați felii de chiftele și acoperiți cu mozzarella.

c) Închideți sandvișul și mutați-l într-o tigaie antiaderentă medie preîncălzită. Gătiți aproximativ 90 de secunde, apăsând cu o spatulă. Întoarceți și repetați până când brânza se topește și este maro auriu. Scoateți, tăiați și serviți.

5. Pesto cu spanac și brânză la grătar cu avocado

Ingrediente:

- 16 oz. Mozzarella, feliată
- 15 oz. Ricotta
- 1 lingurita parmezan, ras
- 2 linguri busuioc proaspăt, tocat mărunt
- 8 felii de pâine de secară marmură
- 2 linguri de unt moale
- 1 - 8 oz. ambalați spanac congelat, decongelat și scurs
- 2 avocado (coapte), fără sâmburi și feliate

Directii;

a) Într-un castron mic, combinați ricotta, pesto și parmezanul și amestecați cu furculița până se omogenizează. Îndoiți pentru a face ricotta foarte pufoasă. Pus deoparte.

b) Întindeți feliile de pâine și întindeți unt pe o parte a fiecărei bucăți.

c) Întindeți 1-2 linguri de amestec de ricotta pe partea neunsă a celor 4 felii.

d) Rupeți spanacul și puneți-l pe partea de ricotta, urmat de avocado și mozzarella.

e) Închideți sandvișul și puneți-l într-o tigaie medie preîncălzită. Gătiți aproximativ 90 de secunde, apăsând cu o spatulă. Întoarceți și repetați până când brânza se topește și este maro auriu. Scoateți, tăiați și serviți.

6. Căpșuni Busuioc Prosciutto Brânză la grătar

Ingrediente:

- 12 oz. Mozzarella proaspătă, feliată
- 8 felii de pâine albă, tăiate gros
- 2 linguri de unt moale
- 8 căpșuni proaspete (medii spre mari), feliate subțiri
- 12 frunze de busuioc proaspăt, întregi
- 8 felii de prosciutto, tăiate subțire
- 2 oz. glazura balsamica

Directii:

a) Așezați felii de pâine și unt pe fiecare parte.

b) Pe partea neunsă, puneți un strat de mozzarella proaspătă, căpșuni, frunze de busuioc și prosciutto. Stropiți cu glazură balsamică; puneți pâinea rămasă deasupra și transferați într-o tigaie antiaderentă preîncălzită. Fierbeți aproximativ un minut, apăsând cu o spatulă. Întoarceți și repetați până devine maro auriu.

c) Scoateți, stropiți deasupra cu glazură balsamică, dacă doriți, tăiați și serviți.

7. Unt de ricotta și gem de brânză la grătar

Ingrediente:

- 15 oz. Ricotta
- 4 linguri de unt de migdale
- 2 lingurite miere
- 12 felii de pancetta (se poate înlocui bacon)
- 8 felii de pâine albă, tăiate gros
- 2 linguri de unt moale
- 8 linguri gem sau jeleu de capsuni

Directii

a) Într-un castron mic, combinați untul de migdale, mierea și ricotta. Pus deoparte.

b) Gatiti pancetta pana devine crocanta.

c) Întindeți feliile de pâine și întindeți unt pe o parte a fiecărei bucăți. Întoarceți pâinea, iar pe partea fără unt întindeți amestecul de ricotta/unt de migdale, urmat de jeleu/gem și apoi pancetta.

d) Închideți sandvișul și mutați-l într-o tigaie preîncălzită la foc mic spre mediu.

e) Gătiți aproximativ 90 de secunde, apăsând cu o spatulă Flip și repetați până când devine maro auriu. Scoateți, tăiați și serviți.

8. Brânză la grătar cu pui de bivoliță

Ingrediente:

- 16 oz. Mozzarella, feliată
- 4 - 4 oz. piept de pui dezosat, feliat 1/4 cana ulei vegetal 1/2 cana sos iute
- 1 tulpină de țelină, mică
- 1 morcov, mic
- 8 felii de pâine albă
- 2 linguri de unt moale
- 1 cană dressing de brânză albastră

Directii

a) Așezați puiul pe o farfurie. Se unge pe ambele părți cu ulei și se pune pe un grătar preîncălzit sau pe o tigaie. Gătiți la o temperatură internă de 165 de grade F, aprox. 3 minute pe fiecare parte. Scoateți de pe grătar și puneți în sos iute. Pus deoparte.

b) Tăiați țelina în bucăți mici. Curățați morcovul și bărbieriți cu o răzătoare.

c) Luați 8 felii de pâine, untul pe o parte și întindeți brânză albastră pe cealaltă parte. Pe partea de brânză albastră, puneți un strat cu mozzarella, pui, țelină, morcovi și terminați cu mai multă mozzarella.

d) Acoperiți cu cealaltă bucată de pâine și puneți într-o tigaie antiaderentă la foc mediu. Fierbeți aproximativ un minut, apăsând cu o spatulă.

e) Întoarceți și repetați până când brânza se topește și este maro auriu. Scoateți, tăiați și serviți.

9. Pizza cu legume cu brânză la grătar

Ingrediente:

- 16 oz. Mozzarella, feliată
- 15 oz. Ricotta
- 4 linguri de parmezan, împărțit
- 1 vinete, mica
- 2 ardei rosii
- 1 dovlecel, mare
- 3/4 cană ulei de măsline, împărțit
- 1 lingurita usturoi proaspat, tocat
- Cruste de pizza de 4 - 8 inchi, prefierte
- 1 crenguță de rozmarin proaspăt, cu tulpină și tocată mărunt

Directii

a) Preîncălziți cuptorul la 375 de grade F.

b) Curățați vinetele și tăiați-le în felii de 1/4 inch. Tăiați ardeii și dovlecelul în felii de 1/4 inch. Așezați legumele pe o foaie de copt și ungeți ușor cu ulei de măsline. Coaceți la cuptor la 375 de grade timp de 15-20 de minute până se înmoaie.

c) Într-un castron, adăugați ricotta, usturoiul și jumătate din parmezan și amestecați cu furculița până se omogenizează. Îndoiți pentru a face ricotta foarte pufoasă. Pus deoparte.

d) Întindeți crusta de pizza precoaptă și ungeți ușor cu uleiul de măsline rămas. Presărați o parte cu rozmarinul tocat și restul de parmezan. Întoarceți, iar pe partea neasezonată întindeți amestecul de ricotta. Pus deoparte.

e) Odată ce legumele sunt gata, asamblați sandvișul punând vinete, dovlecei și ardei pe jumătate din crustă de ricotta, urmate de mozzarella. Închideți și puneți într-o tigaie preîncălzită sau o tigaie antiaderentă la foc mic până la mediu. Asigurați-vă că tigaia este mai mare decât crusta.

f) Gătiți aproximativ 90 de secunde, apăsând cu o spatulă. Întoarceți și repetați până când devine maro auriu și brânza este complet topită. Scoateți, tăiați și serviți.

10. Brânză la grătar de pui și vafe

Ingrediente:

- 16 oz. Mozzarella, feliată
- 12 felii de panceta, tăiate subțire
- 1 lingurita sirop de artar
- 1/2 cană maioneză
- 2 piersici proaspete (sau 1 conserva mica de piersici, scursa)
- 8 vafe congelate
- 2 linguri de unt moale
- 4 – 4 oz. piept de pui dezosat
- 1 cană de făină
- 1 cană sos ranch cu zară
- 2 cani de ulei vegetal

Directii

a) Gătiți pancetta într-o tigaie antiaderentă până devine ușor crocantă.
b) Se amestecă siropul și maioneza și se lasă deoparte.
c) Felii piersici subțiri.

d) Așezați vafe și unt pe fiecare parte. Întoarceți și întindeți amestecul de maioneză pe partea neunsă a vafelor.

e) Făină pui, apoi înmuiați puiul în dressing ranch, apoi înapoi în făină.

f) Aduceți uleiul vegetal la foc mediu într-o tigaie și gătiți puiul până când se rumenește pe ambele părți și temperatura internă atinge 165 de grade.

g) Pe partea de maioneză a vafei, puneți un strat de mozzarella, pui, pancetta, piersici și terminați cu mai multă mozzarella și încă o vafă.

h) Într-o tigaie antiaderentă, la foc mediu, gătiți timp de un minut, apăsând cu o spatulă. Întoarceți și repetați până când brânza se topește și este maro auriu. Scoateți, tăiați și serviți.

11. Brânză la grătar cheddar și aluat

Dați 1 porție

Ingrediente:

- 2 bucăți de pâine cu aluat
- 1 $\frac{1}{2}$ linguriță unt nesărat
- 1 $\frac{1}{2}$ linguriță maioneză
- 3 felii de brânză cheddar

Directii

a) Pe o masă de tăiat, ungeți fiecare bucată de pâine cu unt pe o parte.

b) Întoarceți pâinea și întindeți fiecare bucată de pâine cu maioneză.

c) Puneți brânza pe partea unsă cu unt a unei bucăți de pâine. Acoperiți-o cu a doua bucată de pâine, cu partea cu maioneză în afară.

d) Încinge o tigaie antiaderentă la foc mediu mic.

e) Așezați sandvișul pe tigaie, cu partea de maioneză în jos.

f) Gatiti 3-4 minute, pana se rumenesc.

g) Folosind o spatulă, răsturnați sandvișul și continuați să gătiți până se rumenesc, aproximativ 2-3 minute.

12. Sandviş cu brânză la grătar

Randament 2

Ingrediente:

- 4 felii de pâine albă
- 3 linguri de unt, împărțite
- 2 felii de brânză Cheddar

Directii

a) Preîncălziți tigaia la foc mediu.

b) Unge cu unt generos o parte a unei felii de pâine. Puneți pâinea cu unt în jos pe fundul tigaii și adăugați 1 felie de brânză.

c) Ungeți oa doua felie de pâine pe o parte și puneți cu unt în sus deasupra sandvișului.

d) Grătiți până se rumenesc ușor și răsturnați; continuați să prăjiți până când brânza se topește.

e) Repetați cu restul de 2 felii de pâine, unt și felie de brânză.

13.   Spanac și mărar Havarti pe pâine

SERVEȘTE 4

Ingrediente:

- 8 felii subțiri de pâine albă în stil rustic italian
- 3-4 linguri pastă de trufe albe sau alte trufe sau porcini de trufe
- 4 uncii de brânză Taleggio, feliată
- 4 uncii de brânză fontina, feliată Unt moale pentru întins pe pâine

Directii

a) Întindeți ușor o parte a fiecărei felii de pâine cu pastă de trufe. Acoperiți 4 felii cu Taleggio și fontina, apoi acoperiți fiecare cu altă pastă de trufe – pâine tartinată.

b) Întindeți ușor unt pe exteriorul fiecărui sandviș, apoi încălziți o presă pentru panini sau o tigaie grea antiaderentă la foc mediu-mare.

c) Rumeniți sandvișurile, întorcându-le o dată sau de două ori, până când pâinea este crocantă și aurie și brânza s-a topit.

d) Serviți imediat, parfumat cu trufe și brânză topită, tăiată în sferturi sau batoane delicate.

14. Jack la grătar pe secarăcu mustar

SERVEȘTE 4

Ingrediente:

- 2 linguri tapenada de masline verzi
- 3 linguri muștar de Dijon blând
- 8 felii de pâine de secară cu semințe
- 8-10 uncii de brânză Jack sau altă brânză albă ușoară (cum ar fi Havarti sau Edam), feliată
- Ulei de măsline pentru periajul pâinii

Directii

a) Amestecă tapenada cu muștarul într-un castron mic.
b) Întindeți pâinea și întindeți 4 dintre felii pe o parte doar cu muștarul tapenade după gust. Acoperiți cu brânză și a doua bucată de pâine, apoi presați bine.
c) Ungeți ușor exteriorul fiecărui sandviș cu ulei de măsline, apoi rumeniți-l într-un aparat pentru sandvișuri, presă pentru panini sau tigaie grea antiaderentă, ponderat pentru a presa sandvișurile pe măsură ce se rumenesc.

d) Gătiți la foc mediu-mare până când este ușor crocantă pe exterior și brânza se topește înăuntru.
e) Serviți fierbinte și sfârâitoare, maro auriu.

15. Radicchio și Roquefort pe Pain au Levain

SERVEȘTE 4

Ingrediente:

- 6-8 uncii de brânză Roquefort
- 8 felii subtiri pain au levain sau paine cu aluat
- 3 linguri nuci pecan tocate grosier prajite
- 4-8 frunze mari de radicchio
- Ulei de măsline pentru periere, sau unt moale pentru uns pe pâine

Directii

a) Întindeți brânza Roquefort uniform pe toate cele 8 felii de pâine.
b) Presărați 4 felii de brânză tartinată cu nuci pecan, apoi acoperiți fiecare cu câte o bucată sau 2 de radicchio; folosiți destule frunze pentru a arunca o privire peste margini. Acoperiți fiecare cu o a doua bucată de pâine tartinată cu brânză și apăsați împreună pentru a sigila. Ungeți exteriorul cu ulei sau unt.
c) Se încălzește o tigaie grea antiaderentă sau o presă pentru panini la foc mediu-mare. Asezati sandviciurile in tava, lucrand in 2 reprize, in functie de marimea tigaii. În greutate în

conformitate cuSfat, și gătiți, răsturnând o dată sau de două ori până când pâinea este crocantă și brânza s-a topit.
d) Serviți imediat, tăiați în jumătăți sau sferturi.

16. Brânză la grătar cu usturoi pe secară

SERVEȘTE 4

Ingrediente:

- 4 felii mari, groase de pâine de secară cu aluat
- 4 catei de usturoi, taiati in jumatate
- 4-6 uncii de brânză feta, feliată subțire sau măruntită
- 2 linguri de arpagic proaspat tocat sau ceapa verde
- Aproximativ 6 uncii de brânză albă, topit, feliată subțire sau măruntită, cum ar fi Jack, Asiago mediu sau Chaume

Directii

a) Preîncălziți broilerul.
b) Pâinea se prăjește ușor pe o foaie de copt sub broiler. Frecați ambele părți cu usturoi. Tăiați orice usturoi rămas și lăsați-l deoparte pentru o clipă.
c) Așezați feta peste pâinea prăjită cu usturoi, stropiți cu restul de usturoi tocat, apoi cu arpagic și deasupra cu a doua brânză.

d) Se prăjește până când brânza se topește și sfârâie, rumenindu-se ușor pe pete, iar marginile prăjiturii sunt crocante și maro.
e) Serviți imediat, fierbinte și curgând.

17. britanicBrânză topită și murătură

SERVEȘTE 4

Ingrediente:

- 4 felii de pâine albă sau integrală, aromată, consistentă
- Aproximativ 3 linguri Murături, tocate grosier
- 6-8 uncii brânză Cheddar matură sau Cheshire englezesc, feliată

Directii

a) Preîncălziți broilerul.
b) Aranjați pâinea pe o tavă de copt. Prăjiți ușor sub broiler, apoi scoateți și întindeți generos muratul pe pâinea ușor prăjită; acoperiți cu brânză și puneți sub broiler până se topește brânza.

18. Mozzarella proaspata, Dulceata de prosciutto si smochine

SERVEȘTE 4

Ingrediente:

- 4 rulouri moi franțuzești sau italiene (sau pe jumătate coapte dacă sunt disponibile)
- 10—12 uncii de mozzarella proaspătă, feliată gros
- 8 uncii de prosciutto, feliate subțire
- $\frac{1}{4}$-$\frac{1}{2}$ cană gem de smochine sau conserve de smochine, după gust
- Unt moale pentru uns pe paine

Directii

a) Împărțiți fiecare rulou și puneți un strat cu mozzarella și prosciutto. Întindeți feliile de deasupra cu dulceața de smochine, apoi închideți.
b) Ungeți ușor cu unt exteriorul fiecărui sandwich.
c) Se încălzește o tigaie grea antiaderentă sau o presă pentru panini la foc mediu-mare. Asezati sandviciurile in tava, lucrand in doua reprize in functie de marimea tigaii. apasă pesandvișuri sau închideți grătarul și rumeniți, întorcându-se o dată sau de două ori, până când pâinea este

crocantă și brânza s-a topit. Deși rulourile încep ca rotunde, odată apăsate, ele sunt considerabil mai plate și pot fi răsucite cu ușurință, deși cu grijă.

19. Roast Beef rară cu brânză albastră

SERVEȘTE 4

Ingrediente:

- 4 aluat moale sau rulouri dulci (sau, dacă sunt disponibile, 1 coaptă pe jumătate bagheta, taiat in 4 portii)
- 10-12 uncii de brânză albastră, la temperatura camerei pentru o răspândire mai ușoară
- 8-10 uncii friptură de vită rară, feliată subțire
- Puține frunze de nasturel
- Unt moale pentru uns pe paine

Directii

a) Împărțiți fiecare rulou, apoi întindeți generos cu brânză albastră pe fiecare parte. În fiecare rulou, așezați roast beef, apoi frunzele de nasturel și închideți din nou, apăsând bine pentru a sigila.
b) Ungeți ușor cu unt exteriorul fiecărui sandwich.
c) Se încălzește o tigaie grea antiaderentă sau o presă pentru panini, la foc mediu-mare.
d) Asezati sandviciurile in tava, lucrand in 2 reprize, in functie de marimea tigaii.

e) În greutate în conformitate cuBacsis, și gătiți, răsturnând o dată sau de două ori până când pâinea este crocantă și brânza s-a topit.

20. Leicester roșucu ceapa

SERVEȘTE 4

Ingrediente:

- 8 felii subțiri de grâu integral moale, boabe de grâu încolțite, mărar sau alb consistent, cum ar fi pâinea cu cartofi
- ½ ceapă medie, curățată de coajă și feliată foarte subțire în cruce
- 10-12 uncii brânză blândă de tip Cheddar
- Ulei de măsline pentru periere sau unt moale pentru uns pe pâine
- Un muștar blând, curajos și foarte interesant la alegere

Directii

a) Întindeți feliile de pâine. Acoperiți 4 bucăți de pâine cu un singur strat de ceapă, apoi suficientă brânză pentru a acoperi complet pâinea și ceapa. Acoperiți fiecare cu feliile de pâine rămase pentru a forma sandvișuri și presați bine.
b) Ungeți exteriorul sandvișurilor cu ulei de măsline sau ungeți cu unt moale.

c) Se încălzește o tigaie grea antiaderentă sau o presă pentru sandvișuri la foc mediu-mare, apoi se adaugă sandvișurile și se reduce focul la mediu. Plaseaza o greutate deasupra dacă folosiți o tigaie, scădeți căldura dacă amenință să se ardă. Verificați din când în când; când sunt aurii și maronii fulgi pe o parte, întoarceți-le, scădeți greutatea și rumeniți a doua parte.
d) Se serveste imediat, taiate in felii sau triunghiuri, insotite de mustar pentru tamponare.

21.   Spanac și mărar Havartipe Pâine

SERVEȘTE 4

Ingrediente:

- 2 catei de usturoi, tocati
- 2 linguri ulei de măsline extravirgin, împărțit
- 1 cană spanac fiert, tocat, scurs și stors uscat
- 8 felii de pâine multicereale sau 1 bucată de focaccia, aproximativ 12 × 15 inci, tăiate orizontal
- 8 uncii de mărar Havarti, feliat

Directii

a) Într-o tigaie grea antiaderentă, la foc mediu-mic, încălziți usturoiul în 1 lingură de ulei de măsline, apoi adăugați spanacul și gătiți împreună un moment sau două pentru a se încălzi.
b) Pe 4 felii de pâine (sau stratul inferior al focacciai), aranjați brânza, apoi acoperiți cu spanac și o a doua bucată de pâine (sau vârful focacciai).
c) Apăsați împreună pentru a sigila bine, apoi ungeți ușor exteriorul sandvișurilor cu uleiul de măsline rămas.

d) Rumeniți sandvișurile în tigaie, cântărindu-le, sau într-o presa de panini la foc mediu-mare. Gatiti pana cand sunt usor crocante si aurii pe o parte, apoi intoarceti si rumeniti a doua parte. Când brânza este topită, sandvișul este gata.
e) Serviți imediat, tăiați pe diagonală.

22. Cu Fața Deschisă Cheddar la grătar & Mărar marinate

SERVEȘTE 4

Ingrediente:

- 4 felii de pâine albă de bună calitate
- 6-8 uncii de brânză Cheddar matură, feliată subțire
- 1-2 murături de corniș sau mărar cușer, feliate subțiri

Directii

a) Preîncălziți broilerul.
b) Prăjiți ușor pâinea sub broiler, apoi acoperiți fiecare felie cu puțină brânză, murătura și mai multă brânză. Se prăjește până când brânza se topește și marginile pâinii devin crocante și rumenite.
c) Serviți imediat, tăiați în sferturi.

23. Harry's Bar Special

FACE 12; SERVEȘTE 4

Ingrediente:

- 6 uncii Gruyère, Emmentaler sau altă brânză elvețiană, mărunțită grosier

- 2-3 uncii sunca afumata taiata cubulete

- Un praf generos de muștar uscat

- Câteva shake-uri de sos Worcestershire

- 1 lingură smântână pentru frișcă sau smântână sau suficientă pentru a menține totul împreună

- 8 felii foarte subțiri de pâine albă densă, cu crusta tăiată

- Ulei de măsline pentru periere sau unt moale pentru uns pe pâine

Directii

a) Într-un castron mediu, combinați brânza cu șunca afumată, muștarul și sosul Worcestershire. Se amestecă bine, apoi se amestecă în smântână, adăugând doar câtă cât să formeze un amestec ferm și să se țină împreună.

b) Întindeți amestecul de brânză și șuncă foarte gros pe 4 bucăți de pâine și acoperiți cu celelalte 4. Presați bine și tăiați sandvișurile în 3 degete fiecare.
c) Ungeți partea exterioară a sandvișurilor cu ulei de măsline, apoi rumeniți la foc mediu-mare într-o tigaie grea antiaderentă, apăsând-le cu spatula în timp ce se gătesc. Când sunt ușor crocante pe prima parte, răsturnați-le și rumeniți a doua parte.
d) Se serveste fierbinte, imediat.

24. Crostinialla Carnevale

FACE 16; SERVEȘTE 4

Ingrediente:

- 16 felii subțiri de baghetă, tăiate pe diagonală și de preferință puțin învechite
- 2 linguri ulei de masline extravirgin
- 3 catei de usturoi, tocati, impartiti
- 4 uncii de brânză ricotta
- 4 uncii brânză Asiago, Jack sau fontina ușoară, tăiată cubulețe, mărunțită grosier sau tăiată în fâșii
- 6-8 roșii cherry, tăiate în sferturi sau cubulețe
- 2 linguri ardei rosu prajit tocat
- 1-2 linguri pesto de busuioc

Directii

a) Preîncălziți broilerul.
b) Turnați feliile de baghetă cu uleiul de măsline într-un castron și aranjați într-un singur strat într-o tavă de copt sau pe o foaie de copt. Prăjiți sub grill timp de aproximativ 5 minute sau până când devine ușor auriu. Scoateți și

aruncați pâinea prăjită cu jumătate din usturoi. Pus deoparte.
c) Într-un castron mic, combinați usturoiul rămas cu brânză ricotta, Asiago, roșii cherry, ardei și pesto.
d) Acoperiți fiecare pâine prăjită cu o bucată mare de umplutură. Se aranjează pe tava de copt și se pune sub broiler până când brânza se topește și sfârâie, iar marginile prăjiturii sunt crocante și rumene.
e) Serviți imediat.

25. Bruschetta dintr-un Măslin

FACE DE LA 16 LA 24; SERVEȘTE8

Ingrediente:

- 4 felii de pain au levain sau altă pâine rustică de țară, tăiate în 4 până la 6 bucăți pe felie
- 2 catei de usturoi
- Aproximativ 1 lingură ulei de măsline extravirgin
- 4 uncii de brânză feta, feliată Coaja rasă de 1 lămâie
- 4 uncii de brânză blândă topită, cum ar fi Jack, fontina sau Asiago blândă, feliată sau mărunțită
- Aproximativ 3 uncii rucola tânără

Directii

a) Preîncălziți broilerul.
b) Prajiti usor painea sub broiler. Luați de pe foc și frecați ambele părți cu usturoi.
c) Prăjiturile frecate cu usturoi se așează pe o foaie de copt și se stropesc foarte ușor cu puțin ulei de măsline, apoi se adaugă brânză feta, se stropesc cu coaja de lămâie, se deasupra cu brânză Jack și se dă un ultim strop de ulei de

măsline. Se prăjește până când brânza se topește și bule ușor.

d) Serviți imediat, fiecare sandviș mic cu brânză la grătar, acoperit cu o mână mică de frunze de rucola.

26. Casse Croûte de brânză albastră şi gruyère

SERVEȘTE 4

Ingrediente:

- 1 bagheta, despicata pe lungime si usor scobita
- 2-3 linguri de unt moale pentru uns pe paine
- 1-2 linguri de vin alb sec
- 3-4 catei de usturoi, tocati
- 8-10 uncii de brânză albastră aromată
- 8-10 uncii Gruyère
- Răzătoare de nucșoară

Directii

a) Preîncălziți broilerul.
b) Ungeți ușor jumătățile de baghetă pe interior cu unt, apoi stropiți cu puțin vin alb și puțin usturoi. Peste brânzeturi, terminând cu un strat de Gruyère și terminând cu o răzătoare de nucșoară, usturoiul rămas și încă câteva picături de vin.

c) Prăjiți sandvișurile până când brânza se topește și sfârâie, iar marginile pâinii sunt crocante și rumene.
d) Tăiați în bucăți de câțiva centimetri lungime și serviți imediat.

27. Comté crocant cu trufecu Chanterele negre

SERVEȘTE 4

CANTERELE NEGRE SAUTATE

Ingrediente:

- 1 uncie proaspete sau ½ uncie ciuperci chanterelle negre uscate
- 6 linguri de unt nesarat
- ¼ cană ciuperci sau bulion de legume
- 2 linguri ulei de trufe negre, sau dupa gust

Sandvișuri

- 1 bagheta, feliata subtire pe o diagonala usoara
- 8 uncii de brânză Comté, feliată de aproximativ 1/8 inch grosime și tăiată pentru a se potrivi cu feliile mici de baghetă
- 1—2 linguri ulei de măsline extravirgin pentru periajul pâinii
- 1—2 căței de usturoi, tocați
- 1—2 linguri de arpagic proaspăt tocat sau pătrunjel cu frunze plate

Directii

a) To faceți cântarele sotate: Dacă folosiți ciuperci proaspete, spălați-le și uscați-le, apoi tăiați-le mărunt. Dacă folosiți ciuperci uscate, turnați bulionul de ciuperci, încălzit până la fierbere, peste ciuperci pentru a se rehidrata. Lăsați să stea, acoperit, timp de aproximativ 30 de minute sau până când este moale și flexibil. Scoateți din lichid și stoarceți-l pentru a uscat, rezervând lichidul pentru gătit de mai jos. Tăiați ciupercile rehidratate și procedați ca la proaspete.

b) Încinge untul la foc mediu într-o tigaie grea antiaderentă; cand s-a topit si maroniu, adaugam ciupercile si sfarai cateva clipe in untul fierbinte. Se toarnă bulionul și se fierbe la foc mediu-mare până când lichidul este aproape complet evaporat, 5 până la 7 minute. Se ia de pe foc și se pune într-un bol. Se lasa la racit cateva minute, apoi se adauga uleiul de trufe si se amesteca bine, amestecand energic.

c) Întindeți feliile de baghetă; ungem jumatate din ele cu amestecul de ciuperci cu trufe, apoi acoperim cu felii de branza si la final bucatile de bagheta ramase. Apăsați bine împreună; sandvișurile, fiind mici, cu umplutură relativ uscată, tind să se destrame. Odată ce sandvișurile se rumenesc, totuși, brânza se topește și le ține împreună.

d) Ungeți ușor exteriorul fiecărui sandwich cu ulei de măsline. Se încălzește o tigaie grea antiaderentă la foc mediu-mare și apoi se adaugă sandvișurile, lucrând în loturi după cum este necesar. Top cu agreutateși reduceți căldura la mediu sau mediu-mic. Rumeniți sandvișurile, întorcându-le o dată sau de două ori, până când pâinea este crocantă și aurie și brânza s-a topit. Stropiți cu puțin usturoi și arpagic și serviți.

e) Stropirea usturoiului chiar înainte de a-l scoate din tigaie păstrează aroma înțepătoare și puternică a usturoiului crud, astfel încât fiecare mic sandviș să aibă gust de cruton de usturoi umplut cu brânză și trufe. Repetați cu sandvișurile rămase, eliminând resturile de usturoi din tigaie, astfel încât să nu se ardă la următoarea rundă de rumenire a sandvișului.

28. Pâine prăjită cu brânză de capră cu condimente

FACE 12; SERVEȘTE 4

Ingrediente:

- 12 felii subțiri de baghetă, de preferință puțin învechite
- Ulei de măsline extra virgin
- 3—4 uncii brânză de capră ușor învechită
- Aproximativ ¼ linguriță de chimen măcinat
- ½ linguriță de cimbru
- ¼-½ linguriță boia
- Aproximativ 1/8 lingurita coriandru macinat
- 2 catei de usturoi, tocati
- 1—2 linguri coriandru proaspăt tocat

Directii

a) Preîncălziți broilerul.
b) Ungeți feliile de baghetă cu ulei de măsline, aranjați într-un singur strat pe o foaie de copt și prăjiți ușor sub broiler pe fiecare parte.
c) Acoperiți feliile de baghetă prăjite cu brânză, apoi stropiți cu chimen, cimbru, boia de ardei, coriandru și usturoi tocat. Stropiți cu ulei de

măsline și prăjiți până când brânza se topește ușor și se rumenește pe pete.
d) Stropiți cu coriandru și serviți imediat.

29. Sandvişuri Roquefort& Marmeladă de sfeclă

FACE 8; SERVEȘTE 4

MARMELADĂ DE Sfeclă ghimbiră

Ingrediente:

- 3 sfeclă roșie mijlocie-mari (16 până la 18 uncii în total), întregi și nedecojite

- 1 ceapă, tăiată în sferturi, plus ½ ceapă, tocată

- ½ cană de vin roșu

- Aproximativ ¼ cană oțet de vin roșu

- Aproximativ 2 linguri de zahar

- 2 linguri de stafide sau smochine uscate taiate cubulete

- Aproximativ ½ linguriță de ghimbir proaspăt decojit tocat

- Un praf de pudră cu cinci condimente, cuișoare sau ienibahar

Sandvișuri

- 16 bucăți diagonale de baghetă învechită tăiate foarte subțire sau ciabatta învechită feliate subțire

- 6 uncii de brânză Roquefort
- Aproximativ 1 lingură ulei de măsline pentru periajul pâinii
- Aproximativ 2 cesti (3 uncii) de nasturel

Directii

a) Preîncălziți cuptorul la 375°F.
b) Pentru a face marmeladă de sfeclă:Puneți sfecla, ceapa tăiată în sferturi și vinul roșu într-o tavă suficient de mare pentru a le încăpea cu câțiva centimetri de spațiu între ele. Acoperiți tava cu folie de aluminiu, apoi coaceți timp de o oră, sau până când sfecla este fragedă. Scoateți, descoperiți și lăsați să se răcească.
c) Când se răcește, alunecă pielea de la sfeclă, apoi cubulețe în bucăți de ¼ până la 1/8 inch. Tăiați grosier ceapa fiartă și combinați-o cu sfecla prăjită tăiată cubulețe și sucul de gătit din tigaie într-o cratiță împreună cu ceapa crudă tocată, oțetul, zahărul, stafidele, ghimbirul și câteva linguri de apă.
d) Aduceți la fierbere și gătiți la foc mediu-mare până când ceapa se înmoaie și cea mai mare parte a lichidului s-a evaporat. Nu-l lăsa să ardă. Luați de pe foc și ajustați aromele cu mai mult

zahăr și oțet. Asezonați foarte subtil - doar un vârf - cu pudră de cinci condimente. Pus deoparte. Face aproximativ 2 cani.

e) Pentru a face sandvișurile: Întindeți 8 felii de baghetă și întindeți fiecare gros cu brânză Roquefort. Acoperiți fiecare cu feliile de baghetă rămase și apăsați bine împreună pentru a ține. Ungeți fiecare parte a micilor sandvișuri cu o cantitate mică de ulei de măsline.

f) Încinge o tigaie grea antiaderentă la foc mediu-mare și pune sandvișurile în ea. Reduceți căldura la mediu-scăzut sau mediu. Gătiți sandvișurile până când devin aurii crocant pe prima parte, apăsați ușor împreună cu spatula, apoi întoarceți și rumeniți ușor cealaltă parte.

g) Serviți micile sandvișuri crocante și fierbinți pe o farfurie, ornat cu un smoc sau doi de nasturel și o lingură generoasă de marmeladă de sfeclă.

30. Bocadillo din insula Ibiza

SERVEȘTE 4

TARTINAT DE TON ȘI ARDEI ROȘU

Ingrediente:

- 6 uncii de ton din carne albă, ambalat în ulei de măsline, scurs
- 1 ardei roșu, prăjit, decojit și tocat (din borcan este bine)
- ½ ceapă, tocată mărunt
- 4—6 linguri de maioneză
- 1 lingura ulei de masline extravirgin
- 1—2 lingurițe de boia de ardei, de preferință maghiară sau spaniolă
- Câteva picături de lămâie proaspătă
- suc
- Sare
- Piper negru

Sandvișuri

- 8 felii de pâine cu roșii uscate la soare

- 8 uncii de brânză Gouda învechită, Jack sau Cheddar alb
- Ulei de măsline pentru periajul pâinii

Directii

a) Pentru a face amestecul de ton: Rupeți tonul cu o furculiță într-un castron mediu, apoi amestecați cu ardeiul roșu, ceapa, maioneza, uleiul de măsline extravirgin, boia de ardei, suc de lămâie, sare și piper. Ajustați cantitățile de maioneză pentru a obține o consistență groasă.

b) Pentru a face sandvișurile: Aranjați 4 felii de pâine și acoperiți fiecare cu un sfert de brânză. Acoperiți cu amestecul de ton, apoi cu pâinea rămasă.

c) Ungeți ușor exteriorul sandvișurilor cu ulei de măsline. Încinge o tigaie grea antiaderentă la foc mediu-mare și adaugă sandvișurile.

d) Îngreunează-le cu fundul unei greutățitigaie, nu pentru a le apăsa ci pentru a ține blaturile și a le ține plate cât timp se topește brânza. Se reduce focul la mediu și se gătește pe prima parte până când pâinea este crocantă și aurie, apoi se întoarce și se repetă.

e) Ridicați tava de cântărire din când în când pentru a verifica situația cu brânza.
f) Când se topește - și vă puteți da seama că va curge puțin - și pâinea este aurie și crocantă, scoateți-l din tigaie. Dacă pâinea devine prea închisă înainte ca brânza să se topească, reduceți căldura.
g) Serviți imediat, fierbinte și crocant.

31. ClubLa grătarSandwich

SERVEȘTE 4

Ingrediente:

- 3 linguri maioneza
- 1 lingura capere, scurse
- 8 felii groase de bacon
- 8 felii subțiri pain au levain, tăiate dintr-o jumătate de pâine mare (aproximativ 10 inci lungime, 5 inci lățime)
- 8 uncii de brânză Beaufort, Comté sau Emmentaler, feliată
- 2 roșii coapte, feliate
- 2 piept de pui dezosat, prajit sau la gratar, feliat
- Ulei de măsline pentru periajul pâinii
- Aproximativ 2 cesti frunze de rucola
- Aproximativ 12 frunze de busuioc proaspăt

Directii

a) Într-un castron mic, combinați maioneza cu caperele. Pus deoparte.

b) Gatiti baconul intr-o tigaie grea antiaderenta pana devine crocanta si rumenita pe ambele parti. Scoateți din tavă și scurgeți pe prosoape de hârtie absorbante.
c) Aranjați 4 bucăți de pâine pe o suprafață de lucru și acoperiți fiecare cu un strat de brânză, apoi un strat de roșii, slănină și la final puiul.
d) Întindeți generos maioneza de capere pe cele 4 felii de pâine rămase și acoperiți fiecare sandviș. Apăsați pentru a închide bine.
e) Ungeți ușor exteriorul cu ulei de măsline.
f) Se încălzește o tigaie grea antiaderentă sau o presă pentru panini la foc mediu-mare. Adăugați sandvișurile, lucrând în două reprize dacă este necesar. În greutatesandvișuriușor, reduceți căldura la mediu și gătiți până când fundul pâinii se rumenește pe pete și brânza s-a topit oarecum.
g) Întoarceți-vă cu atenție, folosind mâinile pentru a ajuta la stabilizarea sandvișurilor pe spatulă, dacă acestea amenință să se destrame. Rumeniți pe a doua parte, fără greutate, dar apăsând puțin pe sandvișuri pentru a le consolida și a le ține împreună.
h) Scoateți din tigaie, deschideți blatul tuturor celor 4 sandvișuri și umpleți într-o mână de

rucola și câteva frunze de busuioc, apoi închideți-le pe toate.
i) Se taie in jumatati si se serveste imediat.

32.   Welsh Rarebitcu Ou Poach

SERVEȘTE 4

Ingrediente:

- 4 ouă mari
- Câteva picături de oțet de vin alb
- 4 felii de pâine integrală sau cu aluat sau 2 brioșe englezești tăiate în jumătate
- Aproximativ 2 linguri de unt moale
- 12 uncii brânză Cheddar sau Cheshire ascuțită, mărunțită grosier
- 1—2 cepe verde, feliate subțiri
- 1—2 lingurițe de bere sau lager (opțional)
- ½ linguriță de muștar integral și/sau câțiva praf de muștar uscat
- Mai multe shake-uri generoase de sos Worcestershire
- Mai multe shake-uri de ardei cayenne

Directii

a) Poarsați ouăle: spargeți fiecare ou și puneți-l într-o ceașcă sau ramekin. Aduceți o tigaie adâncă umplută cu apă la fiert; scade focul si tine-l la foc clocotit. Nu sărați apa, ci mai degrabă adăugați câteva shake-uri de oțet. Introduceți fiecare ou în apa care fierbe ușor.

b) Gătiți ouăle până când albușurile sunt tari și gălbenușurile încă curg, 2 până la 3 minute. Scoateți cu o lingură cu șuruburi și puneți pe o farfurie pentru a scurge excesul de apă.

c) Preîncălziți broilerul.

d) Pâinea se prăjește ușor sub broiler și se unge ușor cu unt.

e) Aranjați pâinea pe o tavă de copt. Acoperiți fiecare bucată cu 1 dintre ouăle poșate.

f) Într-un castron mediu, amestecați cheddarul, ceapa verde, berea, muștarul, sosul Worcestershire și ardeiul cayenne. Amestecul de brânză se răspândește ușor peste ouăle poșate, având grijă să nu rupă gălbenușurile.

g) Prăjiți pâinea prăjită cu brânză și ou până când brânza se topește într-un amestec asemănător unui sos lipicios, iar marginile brânzei și pâinea prăjită deopotrivă crocante și maro. Serviți imediat.

33. Şuncă la grătar, brânză şi ananas

SERVEȘTE 4

Ingrediente:

- 6—8 uncii șuncă de curcan, tocată grosier sau tăiată în panglici dacă este deja feliată subțire
- 3 linguri de maioneza sau la nevoie
- 4 felii groase de ananas proaspăt sau 5 felii conservate în suc propriu
- 8 felii de pâine integrală sau din fructe de grâu, feliate subțiri
- Aproximativ 12 până la 15 felii de murături cu pâine și unt
- ½ ceapă, feliată subțire
- Aproximativ 8 uncii brânză Taleggio (coaja tăiată) sau brânză Cheddar ascuțită, feliată
- Ulei de măsline extravirgin pentru periajul pâinii

Directii

a) Într-un castron mic, combinați șunca de curcan cu maioneza. Pune-o deoparte.

b) Tăiați cubulețe sau tocați grosier ananasul și puneți-l deoparte într-un castron. Dacă folosiți proaspăt, amestecați-l cu zahăr după gust.
c) Întindeți feliile de pâine. Pe 4 dintre ele se întinde ananasul. Pe celelalte 4, puneți mai întâi niște murături, apoi amestecul de salată de șuncă de curcan, apoi niște ceapă și Taleggio. Acoperiți cu grijă feliile de pâine cu vârf de ananas pentru a forma sandvișuri și apăsați bine. Ungeți ușor fiecare parte cu ulei de măsline.
d) Se încălzește o tigaie grea antiaderentă sau o presă pentru panini la foc mediu-mare. Asezam sandviciurile in tava, rumenindu-le si presand, pana cand prima parte este crocanta si aurie si branza incepe sa se topeasca; apoi folosind spatula și eventual puțin ajutor din mână, răsturnați cu grijă sandvișurile și gătiți pe a doua parte, apăsând pe măsură ce se rumenesc.
e) Când sandvișurile sunt crocante și ușor rumenite pe ambele părți și brânza este topită, scoateți-le din tavă, tăiați-le în jumătăți și serviți.

34.   O Muffaletta fierbinte

SERVEȘTE 4

Ingrediente:

- 4 rulouri franțuzești moi
- Ulei de măsline extra virgin
- Câteva shake-uri ici și colo de oțet de vin roșu
- 4—6 catei de usturoi, tocati
- 3—4 lingurițe de capere, scurse
- 2—3 vârfuri mari de oregano uscat, mărunțit
- ½ cană de ardei roșu prăjit tocat sau tăiat cubulețe
- 4 ardei murați blânzi, precum grecești sau italieni, feliați
- ½ ceapă roșie sau altă ceapă blândă, feliată foarte subțire
- ½ cană măsline verzi umplute cu piment, feliate
- 1 roșie mare, feliată subțire
- 4 uncii de salam uscat, feliat subțire
- 4 uncii șuncă, curcan afumat

- 8 uncii de brânză provolone tăiată subțire

Directii

a) Deschideți rulourile și scoateți puțin din interiorul lor pufos. Stropiți fiecare parte tăiată cu ulei de măsline și oțet, apoi cu usturoi, capere și oregano. Pe o parte a fiecărei rulouri, puneți un strat de ardei roșu, ardei murați, ceapă, măsline, roșii, salam, șuncă și, în final, brânza. Închideți strâns și apăsați bine împreună pentru a ajuta la etanșarea.

b) Încingeți o tigaie grea antiaderentă la foc mediu-mare și ungeți ușor exteriorul fiecărui rulou cu ulei de măsline. Pune sandvișurile în tigaie șigreutate în jos, sau puneți-le într-o presă pentru panini.

c) Gatiti pana se rumenesc pe o parte, apoi intoarceti si rumeniti a doua parte. Sandvișurile sunt gata când sunt aurii crocant și brânza a curățat puțin și a crocant pe alocuri. Tăiați în jumătăți și mâncați imediat.

35. Sandwich cubanez

SERVEȘTE 4

Ingrediente:

Sos mojo

- 2 linguri ulei de masline extravirgin
- 8 catei de usturoi, feliati subtiri
- 1 cană suc proaspăt de portocale și/sau suc de grepfrut
- ½ cană suc proaspăt de lămâie și/sau suc de lămâie
- ½ linguriță de chimion măcinat Sare
- Piper negru

Sandvișuri

- 1 bagheta moale sau 4 rulouri frantuzesti moi lungi, impartite
- Unt moale sau ulei de măsline pentru periajul pâinii
- 6 uncii șuncă fiartă sau friptă cu miere felii subțiri

- 1 piept de pui fiert, aproximativ 6 uncii, feliat subțire
- 8 uncii de brânză aromată, cum ar fi Gouda, manchego sau Edam, feliată
- 1 mărar, mărar cușer sau murat dulce, feliat subțire
- Aproximativ 4 frunze de unt sau salată verde Boston Bibb
- 2—3 roșii medii, coapte, feliate

Directii

a) Pentru a face sosul Mojo: Încingeți ușor uleiul de măsline și usturoiul într-o tigaie mică până când usturoiul este ușor auriu, dar nu se rumenește, aproximativ 30 de secunde. Adăugați sucurile de citrice, chimenul, sare și piper după gust și luați de pe foc. Lăsați să se răcească, gustați și ajustați pentru condimente. Rezistă până la 3 zile la frigider. Face 1 ½ cani.

b) Preîncălziți broilerul.

c) Pentru a face sandvișurile: Scoateți puțin din interiorul pufos al fiecărei rulouri. Aruncați pâinea scoasă sau rezervați-o pentru o altă utilizare. Ungeți ambele părți ale rulourilor cu o cantitate mică de unt moale sau ulei de măsline. Prăjiți ușor sub broiler pe fiecare parte, apoi luați de pe foc.

d) Stropiți puțin din sos mojo pe părțile tăiate ale pâinii, apoi stratificați cu șuncă, pui, brânză și murături. Închideți bine și apăsați împreună pentru a ajuta la etanșarea și ungeți ușor exteriorul sandwich-urilor cu ulei de măsline.

e) Se încălzește o tigaie grea antiaderentă sau o presă pentru panini la foc mediu-mare și se rumenesc sandvișurile, îngreunându-le. Vrei să presați sandvișurile cât mai plat posibil. Se fierbe până când este ușor crocantă la exterior și brânza începe să se topească. Strângeți sandvișurile cu spatula atunci când le întoarceți pentru a le ajuta și la presarea plată.

f) Când sandvișurile sunt crocante și rumenite, scoateți din tigaie. Deschideți, adăugați salata verde și roșiile și serviți imediat, cu un plus de mojo în lateral.

36. Brânză la grătar pariziană

SERVEȘTE 4

Ingrediente:

- 8 felii de pâine albă sau franceză fermă, aromată, de bună calitate
- 4 felii subtiri sunca fiarta sau copta sau sunca de curcan
- 2 linguri de unt moale nesarat
- 4 uncii de brânză de tip Gruyère

Directii

a) Preîncălziți broilerul.
b) Aranjați 4 felii de pâine pe o foaie de copt, apoi acoperiți cu șuncă și feliile de pâine rămase pentru a face sandvișuri. Ungeți fiecare sandviș pe exterior, apoi puneți-l sub broiler până devine ușor auriu, întoarceți-l și rumenesc pe a doua parte.
c) Presărați brânză peste partea superioară a unei părți a sandvișurilor, apoi întoarceți-vă la broiler pentru câteva clipe sau până când brânza se topește și face bule puțin ici și colo. Mănâncă imediat cu salată verde cuibărit lângă ea.

37. Bocadillo de la Insula Ibiza

SERVEȘTE 4

Ingrediente:

- 4 rulouri mari, moi, plate, în stil francez sau italian, de preferință cu aluat
- 6—8 căței de usturoi, tăiați la jumătate
- 4—6 linguri ulei de măsline extravirgin
- 1 lingura pasta de rosii (optional)
- 2—3 roșii mari coapte, feliate subțiri
- Stropire generoasă de oregano uscat (de preferință grecească, siciliană sau spaniolă)

- 8 felii subțiri de jamon spaniol sau șuncă similară, cum ar fi prosciutto
- Aproximativ 10 uncii de brânză blândă și topită, dar aromată, cum ar fi manchego, Idiazábal, Mahon sau o brânză din California, cum ar fi semi secco de la Ig Vella sau Jack
- Mix de măsline mediteraneene

Directii

a) Preîncălziți broilerul.
b) Tăiați rulourile și prăjiți ușor pe fiecare parte sub broiler.
c) Frecați usturoiul pe partea tăiată a fiecărei bucăți de pâine.
d) Stropiți pâinea unsă cu usturoi cu ulei de măsline și ungeți exteriorul cu puțin ulei. Intindeti usor cu pasta de rosii, apoi asezati rosiile feliate si sucul acestora pe rulouri, presand pasta de rosii si rosii pentru ca sucul sa fie absorbit in paine.
e) Se presară cu oregano mărunțit, apoi se adaugă șuncă și brânză. Închideți și presați bine, apoi ungeți ușor cu ulei de măsline.
f) Încinge o tigaie grea antiaderentă sau o presă pentru panini la foc mediu-mare, apoi adaugă

sandvișurile. Dacă folosiți o tigaie, cântărițisandvișuri jos.

g) Se reduce focul la mediu-mic și se gătește până când este ușor crocantă pe exterior și brânza începe să se topească. Se rastoarna si se rumeneste pe a doua parte.

h) Tăiați în jumătate și serviți imediat, alături de o mână de măsline amestecate.

38.   Roșii și brânză Mahon pe pâine cu măsline

FACE4

Ingrediente:

- 10—12 frunze mici de salvie proaspete
- 3 linguri de unt nesarat
- 1 lingura ulei de masline extravirgin
- 8 felii de pâine de țară
- 4 uncii de prosciutto, feliate subțire
- 10—12 uncii brânză de munte cu aromă completă, cum ar fi fontina, Beaufort învechit sau Emmentaler
- 2 catei de usturoi, tocati

Directii

a) Într-o tigaie grea antiaderentă, amestecați frunzele de salvie, untul și uleiul de măsline la foc mediu-mic până când untul se topește și face spumă.
b) Între timp, întindeți 4 felii de pâine, deasupra cu prosciutto, apoi fontina, apoi un strop de usturoi. Așezați pâinea rămasă deasupra și apăsați bine împreună.

c) Așezați ușor sandvișurile în amestecul de unt de salvie fierbinte; poate fi necesar să le faci în mai multe loturi sau să folosești 2 tigăi. Greutate cuo tigaie grea deasuprapentru a apăsa sandvișurile. Se fierbe până când este ușor crocantă la exterior și brânza începe să se topească. Se rastoarna si se rumeneste pe a doua parte.
d) Serviți sandvișurile calde și crocante, tăiate în jumătăți diagonale. Fie aruncați frunzele de salvie, fie ronțăi-le, crocante și rumenite.

39. Emmentaler & Pear Sandwich

SERVEȘTE 4

Ingrediente:

- 8 felii subțiri pain au levain, sourdough sau sour pumpernickel
- 4 uncii de brânză Emmentaler, feliată subțire
- 1 para coaptă, dar fermă, nedecojită și tăiată foarte subțire
- 4 uncii de brânză Appenzell, feliată subțire
- Câteva vârfuri de semințe de chimen Unt moale sau ulei de măsline pentru periajul pâinii

Directii

a) Aranjați 4 felii de pâine pe o suprafață de lucru, apoi acoperiți cu un strat de brânză Emmentaler, apoi pere, apoi niște brânză Appenzell și o stropire de semințe de chimen. Acoperiți fiecare sandviș cu o a doua felie de pâine și apăsați ferm împreună pentru a sigila.

b) Ungeți ușor exteriorul fiecărui sandwich cu unt. Încingeți o tigaie grea antiaderentă sau o presă de sandvici la foc mediu-mare. Pune o greutate pesandvișuri. Se rumenește, întorcându-se o

dată sau de două ori, până când pâinea este crocantă și aurie și brânza s-a topit.
c) Serviți imediat.

40.   Pumpernickel și Gouda la grătar

SERVEȘTE 4

Ingrediente:

PUNTRUNJEL-MUSTAR DE TARRAGON

- 3 linguri muștar integral
- 3 linguri muștar de Dijon blând
- 2 linguri de pătrunjel proaspăt cu frunze plate tocat
- 1 lingura tarhon proaspat tocat
- 1 catel mic de usturoi, tocat
- Câteva picături de oțet de vin roșu sau alb, după gust

Sandvișuri

- 8 felii de pâine moale pumpernickel închisă la culoare
- 8 uncii de brânză învechită Gouda, manchego sau similar cu nuci
- Unt moale sau ulei de măsline pentru periajul pâinii

Directii

a) Pentru a face muștarul de pătrunjel și tarhon: Combinați cerealele integrale și muștarul Dijon într-un castron mic și amestecați pătrunjelul, tarhonul și usturoiul. Se adauga cateva picaturi de otet dupa gust si se lasa deoparte. Face aproximativ 1/3 cană.

b) Pentru a face sandvișurile: Aranjați 4 felii de pâine pe o suprafață de lucru. Adăugați un strat de brânză, apoi acoperiți cu a doua bucată de pâine. Presați împreună și întindeți ușor sau ungeți exteriorul cu unt.

c) Se încălzește o tigaie grea antiaderentă sau o presă pentru panini la foc mediu-mare și se adaugă sandvișurile. Greutate cu o secundătigaieși reduceți căldura la mediu-scăzut. Gătiți până când prima parte este crocantă și aurie, apoi întoarceți și gătiți a doua parte până când brânza se topește.

d) Se servește imediat, cu muștarul de pătrunjel-tarhon în parte, pentru a se tampona după dorință.

41. Brânză Mahon pe pâine cu măsline negre

SERVEȘTE 4

Ingrediente:

- 8 felii de pâine cu măsline negre
- 1 catel de usturoi, tocat marunt
- 4 roșii mari, grase, coapte și aromate
- 1–2 lingurițe frunze de cimbru proaspăt
- 8–10 uncii Mahon, brânză Gouda învechită sau Mezzo Secco
- Ulei de măsline pentru periajul pâinii

Directii

a) Stropiți 4 dintre feliile de pâine cu usturoi, apoi stratificați cu roșiile (lăsați sucul acestora să se scufunde în pâine). Stropiți feliile de roșii cu frunzele de cimbru.

b) Acoperiți cu un strat de brânză, apoi pâinea rămasă, pentru a forma 4 sandvișuri. Apăsați împreună pentru a sigila bine. Ungeți exteriorul fiecăruia cu ulei de măsline.

c) Se încălzește o tigaie grea antiaderentă sau o presă pentru sandvișuri la foc mediu-mare și se adaugă sandvișurile, îngreunându-le. Rumeniți sandvișurile, întorcându-le o dată sau de două ori, până când pâinea este crocantă și aurie și brânza s-a topit, curgând și crocantă puțin când lovește tigaia.

d) Serviți imediat.

42. Curcan afumat, Taleggio &Gorgonzola

SERVEȘTE 4

Ingrediente:

- 1 pâine italiană moale, plată, aerisită, cum ar fi ciabatta, sau 4 chifle moi italiene/franceze; dacă sunt disponibile pe jumătate coapte, alegeți acestea

- 6 uncii de brânză Gorgonzola, feliată subțire sau mărunțită grosier

- 8 uncii de curcan afumat, feliat subțire

- 1 mere mijlocie sau 2 mici, crocante, dar aromate, fără miez, fără coajă și tăiate felii foarte subțiri

- 6 uncii de brânză Taleggio, Teleme, Jack sau o tomme de montagne, tăiată în 4 felii (dacă să lăsați coaja Taleggio sau să o tăiați depinde de dvs.; coaja are o aromă ușor puternică pe care unii o iubesc, unii în mod evident nu o plac .)

- Ulei de măsline pentru periajul pâinii

Directii

a) Tăiați pâinea în 4 bucăți de dimensiuni egale. Tăiați fiecare bucată de pâine pe orizontală, lăsând o parte conectată dacă este posibil.
b) Deschideți cele 4 bucăți de pâine. Pe 1 strat lateral Gorgonzola, curcan afumat și măr feliat în cantități egale. Acoperiți cu Taleggio și închideți sandvișurile strâns, apăsând ferm pentru a închide.
c) Ungeți sandvișurile, de sus și de jos, cu ulei de măsline, apoi încălziți o tigaie grea antiaderentă la foc mediu-mare. Puneti sandviciurile in tigaia incinsa si reduceti focul deodata la foarte mic. Greutate deasupra, sau folosiți o presă pentru sandvici sau o presă pentru panini.
d) Gatiti pana sunt aurii si prajiti, apoi intoarceti si rumeniti usor cele doua laturi. Verificați din când în când pentru a vă asigura că pâinea nu arde.
e) Serviți imediat ce ambele părți sunt crocante și brânza este topită.

43. Jarlsberg topitpe aluat

SERVEȘTE 4

Ingrediente:

- 8 felii de pâine cu aluat de grosime medie
- 8 uncii Jarlsberg sau o brânză care se topește blând, cum ar fi Jack
- 2 ardei roșii prăjiți, feliați sau 3 până la 4 linguri de ardei roșii prăjiți mărunțiți
- 2 catei de usturoi, feliati subtiri
- 2 lingurite frunze proaspete de rozmarin tocate, sau dupa gust
- Ulei de măsline pentru periajul pâinii

Directii

a) Aranjați 4 felii de pâine pe o suprafață de lucru și acoperiți cu brânză, apoi adăugați ardeiul roșu, usturoiul și rozmarinul. Acoperiți cu feliile de pâine rămase și apăsați ușor. Ungeți ușor exteriorul fiecărui sandwich cu ulei.

b) Încingeți o tigaie grea antiaderentă sau o presă pentru sandvișuri la foc mediu-mare și adăugați sandvișurile, lucrând în mai multe șarje dacă este necesar. Coborâți focul la mediu-mic, rumeniți lent sandvișurile (apăsați cu spatula pentru a ajuta la crocanta), până când devine ușor crocantă la exterior și brânza începe să se topească. Întoarceți și repetați pe a doua parte.

c) Serviți fiecare sandviș tăiat în jumătăți sau sferturi.

44. Torta de pui, Queso Fresco și Gouda

SERVEȘTE 4

Ingrediente:

- 2 cârnați de salvie/ierburi (aproximativ 14 uncii), fie carne de porc, curcan, fie vegetarieni
- 6 uncii brânză Jack mărunțită sau Asiago medie
- 1—2 linguri (aproximativ 2 uncii) brânză învechită proaspăt rasă, cum ar fi parmezan, locatelli Romano sau Jack uscat
- 2 cepe verde, feliate subțiri
- 2—3 lingurițe de smântână Praf de semințe de chimen Un praf mic de turmeric Un pic de muștar brun
- Un praf de piper cayenne sau cateva picaturi de sos de ardei iute
- 8 felii subțiri de pâine integrală (cum ar fi boabe de grâu, semințe de floarea soarelui sau grâu încolțit)
- 2—3 linguri ulei de măsline extravirgin
- 3 catei de usturoi, feliati subtiri

- 1—2 lămâi conservate în stil marocan, clătite bine și tăiate felii sau mărunțite
- 1—2 lingurițe de pătrunjel proaspăt cu frunze plate tocat mărunt

Directii

a) Cârnații tăiați în bucăți, apoi rumeniți-i rapid la foc mediu într-o tigaie mică antiaderentă. Se scot din tava, se aseaza pe prosoape de hartie si se lasa la racit. Lasă tigaia pe aragaz și stinge focul.

b) Într-un castron mediu, amestecați cele 2 brânzeturi cu ceapa verde, smântâna, semințele de chimen, turmeric, muștarul și ardeiul cayenne. Când cârnații sunt reci, amestecați-l în brânză.

c) Îngrămădiți 4 felii de pâine cu amestecul de brânză și cârnați, apoi acoperiți cu o a doua bucată de pâine. Apăsați bine și apăsați ușor, dar ferm, astfel încât sandvișul să se țină împreună.

d) Reîncălziți tigaia la foc mediu-mare și adăugați aproximativ jumătate din uleiul de măsline și usturoiul, apoi împingeți usturoiul într-o parte și adăugați 1 sau 2 sandvișuri, oricâte va ține tigaia. Se fierbe până când devine ușor crocantă pe o parte și brânza începe să se topească.

e) Întoarceți și gătiți a doua parte până devine maro auriu. Scoateți pe o farfurie și repetați cu celelalte sandvișuri, usturoi și ulei. Puteți fie să aruncați usturoiul ușor rumenit, fie să roștiți pe el; orice ai face, scoate-l din tigaie înainte de a se înnegri, deoarece va da o aromă amară uleiului dacă se arde.

f) Serviți sandvișurile imediat, fierbinți, tăiați în triunghiuri și stropiți cu lămâie conservată și pătrunjel tocat.

45. Panini deParmigiana vinete

SERVEȘTE 4

Ingrediente:

- ¼ cană ulei de măsline extravirgin, sau după dorință, împărțit
- 1 vinete medie, feliată de ½ până la ¾ inch grosime
- Sare
- 4 rulouri mari, moale, cu aluat sau dulce
- 3 catei de usturoi, tocati
- 8 frunze mari de busuioc proaspăt
- Aproximativ ½ cană de brânză ricotta
- 3 linguri parmezan proaspăt ras, pecorino sau brânză locatelli Romano
- 6-8 uncii de brânză mozzarella proaspătă
- 4 roșii suculente coapte, feliate subțiri (inclusiv sucurile lor)

Directii

a) Aranjați feliile de vinete pe o masă de tăiat și presărați generos cu sare. Lasă să stea aproximativ 20 de minute sau până când pe suprafața vinetei apar picături de umezeală. Clătiți bine, apoi uscați vinetele.

b) Încinge 1 lingură de ulei într-o tigaie grea antiaderentă la foc mediu. Adăugați cât mai mult din vinete care se vor încadra într-un singur strat și nu se vor înghesui. Rumeniți feliile de vinete, mișcându-le astfel încât să se rumenească și să se gătească, dar să nu se ardă.

c) Întoarceți și gătiți pe a doua parte până când și acea parte se rumenește ușor și vinetele sunt fragede când sunt străpunse cu o furculiță. Când vinetele sunt gătite, scoateți-le pe o farfurie sau tigaie și continuați să adăugați vinetele până când sunt toate gătite. Dați deoparte câteva minute.

d) Deschideți rulourile și trageți puțin din interiorul pufos, apoi presărați fiecare parte tăiată cu usturoi tocat. Pe o parte a fiecărei rulada, puneți o felie sau 2 de vinete, apoi acoperiți cu o frunză sau 2 de busuioc, niște brânză ricotta, un strop de parmezan și un strat de mozzarella. Terminați cu roșii tăiate felii; închideți și apăsați ușor pentru a sigila împreună.

e) Încinge aceeași tigaie la foc mediu-mare sau folosește o presă pentru panini și unge ușor sandvișurile cu puțin ulei de măsline pe exterior. Rumeniți sau prăjiți sandvișurile, apăsând pe măsură ce se rumenesc și sunt crocante.

f) Când prima parte s-a rumenit, răsturnați și rumeniți a doua parte până când brânza se topește. Serviți imediat.

46. Vinete la gratar si Chaumes,

SERVEȘTE 4

Ingrediente:

AIOLI ARDEI ROSU

- 2—3 căței de usturoi, tocați

- 4—6 linguri maioneză Suc de ½ lămâie sau lime (aproximativ 1 lingură sau după gust)

- 2—3 lingurițe chili pudră 1 linguriță boia

- ½ linguriță de chimion măcinat Un praf mare de frunze de oregano uscate, zdrobite

- 2 linguri ulei de masline extravirgin

- Mai multe shake-uri sos de chile afumat, cum ar fi Chipotle Tabasco sau Buffala

- 2 linguri coriandru proaspăt tocat grosier

- 1 vinete, tăiată transversal în felii groase de ¼ până la ½ inch Ulei de măsline

- 4 rulouri albe sau cu aluat moale sau 8 felii de pâine albă sau cu aluat rustic

- ¾ cană ardei roșii și/sau galbeni prăjiți marinați, de preferință în saramură (achiziționat sau de casă,)

- Aproximativ 12 uncii de brânză semi-moale, dar aromată

Directii

a) Pentru a face Red Chili Aioli: Într-un castron mic, combinați usturoiul cu maioneza, sucul de lămâie, pudra de chili, boia de ardei, chimen și oregano; se amestecă bine pentru a se combina. Cu lingura sau telul, bate uleiul de masline, adaugand uleiul cateva lingurite pe rand si batand-l pana se incorporeaza in amestec inainte de a adauga restul.

b) Când este omogen, amestecați în sos de chile afumat după gust și, la final, adăugați coriandru. Acoperiți și răciți până sunt gata de utilizare. Face aproximativ 1/3 cană.

c) Pentru a pregăti vinetele, ungeți ușor feliile de vinete cu ulei de măsline și încălziți o tigaie grea antiaderentă la foc mediu-mare. Rumeniți feliile de vinete pe fiecare parte până când sunt ușor rumenite și fragede când sunt străpunse cu o furculiță. Pus deoparte.

d) Pentru a face sandvișurile: Întindeți rulourile moi deschise și aioli cu ardei iute roșu pe interior. Pe o parte a rulourilor se pun felii de vinete, apoi ardeii, apoi un strat de brânză.

Închideți și apăsați bine împreună. Ungeți ușor exteriorul fiecărui sandviș cu ulei de măsline.

e) Se încălzește din nou tigaia la foc mediu-mare, apoi se adaugă sandvișurile și se reduce focul la mediu-mic. În greutatesandvișuri, și gătiți câteva minute. Când pâinea de jos este aurie și ușor rumenită pe alocuri, răsturnați și gătiți cealaltă parte, cu greutate similară.

f) **5**Când și partea aceea este aurie și crocantă, brânza ar trebui să fie topită și lipicioasă; poate să curgă puțin și să fie crocant. (Nu aruncați aceste bucăți crocante delicioase, ci doar puneți-le pe fiecare farfurie împreună cu sandvișul.)

g) Scoateți sandvișurile în farfurii; se taie in jumatati si se serveste.

h) Smoky Bacon și Cheddarcu Chipotle Relish

i) Gustul de chipotle afumat, o fâșie de muștar acidulat, slănină afumată cu carne și Cheddar puternic înțepător – nu este nimic subtil la acest sandviș cu aromă mare. Încearcă și gustul chipotle pe un hamburger! Un pahar de cerveza cu o bucată de tei în lateral se apropie de perfecțiune.

47. Ciuperci și brânză topităPain au Levain

SERVEȘTE 4

Ingrediente:

- 1—1½ uncie porcini uscate sau cèpes,
- Aproximativ ½ cană smântână groasă
- Sare
- Câteva boabe de piper cayenne
- Câteva picături de suc proaspăt de lămâie
- ½ linguriță de amidon de porumb, amestecat cu 1 linguriță de apă
- 8 felii pain au levain sau alta paine frantuzeasca
- Aproximativ 1 lingură unt moale pentru uns pe pâine
- 2 catei de usturoi, tocati marunt
- 8—10 uncii pecorino feliat, fontina sau brânză Mezzo Secco
- 4 linguri de parmezan proaspat ras
- Aproximativ ¼ cană de arpagic proaspăt tocat mărunt

Directii

a) Într-o cratiță grea, combinați ciupercile și 2 căni de apă. Se aduce la fierbere, apoi se reduce focul și se fierbe până când lichidul este aproape evaporat și ciupercile se înmoaie, 10 până la 15 minute.
b) Se amestecă smântâna și se pune la foc câteva minute, apoi se condimentează cu sare, doar un bob sau două de cayenne și doar o picătură sau două de suc de lămâie.
c) Se amestecă amestecul de amidon de porumb și se încălzește la foc mediu-mic până se îngroașă. Ar trebui să se îngroașe de îndată ce marginile încep să bule. Deoarece smântâna poate varia în grosime, nu există nicio modalitate de a ști exact de câtă cantitate de amidon de porumb veți avea nevoie.
d) Odată ce este suficient de gros, lăsați amestecul la temperatura camerei să se răcească. Se va îngroșa și mai mult pe măsură ce se răcește. Vrei o consistență groasă, tartinabilă.
e) Întindeți toată pâinea și ungeți o parte a fiecărei felii foarte ușor cu unt. Întoarceți-le peste tot, apoi pe 4 din ele, presărați usturoiul. Acoperiți cu feliile de pecorino, câteva bucăți de ciuperci din sos și o stropire de parmezan.

f) Pe celelalte 4 bucăți de pâine (partea neunsă), întindeți gros sosul de ciuperci. Închideți bine sandvișurile. Laturile unse cu unt vor fi pe exterior.

g) Încingeți o tigaie grea antiaderentă la foc mediu-mic. Adăugați sandvișurile, câte 1 sau 2, în funcție de dimensiunea cratiței și cântăriți-le cu otigaie grea).

h) Gatiti pana cand painea este aurie si usor rumenita pe alocuri, delicios de crocanta, iar branza incepe sa curga. Întoarceți și repetați până când a doua parte este la fel de aurie și crocantă ca prima, adăugând usturoiul tocat în tigaie pentru ultimul minut de gătit. Brânza ar trebui să curgă până acum, cu câteva bucăți curgând și ușor crocante la marginea crustei.

i) Se aseaza pe o farfurie, se taie in jumatati sau sferturi si se presara farfuria cu arpagic. Mănâncă imediat. Nu este nimic la fel de înmuiat ca un sandviș cu brânză la grătar.

48. sicilianBrânză sfârâităcu capere și anghinare

SERVEȘTE 4

Ingrediente:

- 4—6 inimioare de anghinare marinate, feliate
- 4 felii groase de pâine de țară, dulce sau aluat
- 12 uncii provolone, mozzarella, manouri sau altă brânză blândă și topită, mărunțită
- 2 linguri ulei de masline extravirgin
- 4 catei de usturoi, feliati foarte subtiri sau tocati
- Aproximativ 2 linguri de otet de vin rosu
- 1 lingură capere în saramură, scurse
- 1 lingurita oregano uscat maruntit
- Mai multe măcinate piper negru
- 1—2 lingurițe de pătrunjel proaspăt tocat

Directii

a) Preîncălziți broilerul.
b) Aranjați anghinarea pe pâine și puneți-le pe o foaie de copt, apoi acoperiți cu brânză.

c) Într-o tigaie grea antiaderentă, încălziți uleiul de măsline la foc mediu-mare, apoi adăugați usturoiul și rumeniți ușor. Adăugați oțet de vin roșu, capere, oregano și piper negru și gătiți un minut sau două sau până când lichidul se reduce la aproximativ 2 lingurițe. Se amestecă pătrunjelul. Se pune peste pâinea acoperită cu brânză.
d) Se prăjește până când brânza se topește, face bule și devine aurie pe pete. Mănâncă imediat.

49. Scaloppine& sandviş pesto

SERVEȘTE 4

Ingrediente:

- Două piept de pui dezosat și fără piele de 4 până la 5 uncii sau cotlet de porc, curcan sau vițel
- Sare
- Piper negru
- 2 linguri ulei de măsline extravirgin, împărțit
- 3 catei de usturoi, tocati, impartiti
- 2 dovlecei, feliați foarte subțiri și uscati
- 2 linguri pesto de busuioc, sau dupa gust
- 2 linguri parmezan ras, brânză grana sau locatelli Romano
- 4 rulouri cu aluat moale sau patru bucăți de focaccia de 6 inci, tăiate la jumătate
- 8—10 uncii de mozzarella, fontina domestică sau daneză sau brânză Jack, feliată

Directii

a) Bateți carnea cu un ciocan de carne; daca este gros, feliati puiul in bucati foarte subtiri. Se presară cu sare și piper.
b) Se încălzește o tigaie grea antiaderentă la foc mediu-mare, apoi se adaugă 1 lingură de ulei, carnea și la final aproximativ jumătate din usturoi. Se rumenește rapid carnea pe o parte, apoi pe cealaltă, apoi se scoate din tigaie și se toarnă bucățile de suc și usturoi peste carne.
c) Puneți tigaia la foc mediu-mare și adăugați încă o linguriță de ulei. Sotește dovlecelul până când este doar fraged. Scoateți într-un castron; se asezoneaza cu sare si piper. Când s-a răcit, amestecați usturoiul rămas, pesto-ul și parmezanul. Se lasa amestecul la racit intr-un bol; clătiți și uscați tigaia.
d) Cu degetele, scoateți puțin din interiorul pufos al fiecărei rulouri pentru a face loc umpluturii. Încălziți din nou tigaia la foc mediu-înalt și prăjiți ușor părțile tăiate ale fiecărei rulouri. Va trebui să le apăsați puțin; s-ar putea rupe puțin, dar este în regulă. Se vor întoarce împreună din nou pe măsură ce sunt rumenite și presate cu umplutura la locul lor.
e) În jumătate din fiecare rulou, umpleți câteva linguri de amestec de dovlecei-pesto, apoi

acoperiți cu un strat de carne și mozzarella. Închideți și apăsați împreună strâns pentru a sigila bine.

f) Ungeți uleiul rămas pe exteriorul sandvișurilor. Încinge tigaia din nou la foc mediu-mare. Sandvișuri cu greutate pentru a le ajuta să le apăsați și să le mențineți împreună. Reduceți focul la mediu-mic și gătiți până când prima parte este crocantă și aurie și brânza începe să se topească. Întoarceți și repetați.

g) Serviți când sandvișurile sunt aurii crocant și brânza se topește seducător.

50. Quesadillas, piadine și sandvișuri cu pita

SERVEȘTE 4

Ingrediente:

- 12 uncii de capră proaspătă 3 căței de usturoi, tocați
- ghimbir proaspăt de aproximativ 1 inch, tocat grosier (aproximativ 2 lingurițe)
- 3—4 linguri de frunze de menta proaspata tocate grosier
- 3—4 linguri coriandru proaspăt tocat grosier
- 3 linguri iaurt simplu
- $\frac{1}{2}$ linguriță de zahăr sau după gust Praf mare de sare
- Câteva shake-uri bune de Tabasco sau alt sos iute, sau $\frac{1}{2}$ chile proaspăt, tocat
- 8 tortilla de faina
- Brânză cu coajă, cum ar fi Lezay sau Montrachet, feliată de $\frac{1}{2}$ până la $\frac{3}{4}$ inch grosime
- Ulei de măsline pentru perierea tortillelor

Directii

a) Într-un robot de bucătărie sau într-un blender, faceți piure usturoiul cu ghimbirul, apoi adăugați menta, coriandru, iaurt, zahăr, sare și sosul iute. Se rotește până se formează o pastă verde, ușor groasă.
b) Așezați 4 tortilla și întindeți-le mai întâi cu amestecul de coriandru și mentă, apoi un strat de brânză de capră și acoperiți cu celelalte tortilla.
c) Ungeți ușor exteriorul fiecărui sandviș cu ulei de măsline și gătiți, pe rând, într-o tigaie grea antiaderentă la foc mediu. Se rumenesc câteva minute, până devin ușor aurii pe pete, apăsând puțin pe ele cu spatula în timp ce se gătesc.
d) Întoarceți cu atenție folosind spatula; când a doua parte este pătată cu maro și auriu, brânza ar trebui să fie topită. Scoateți din tigaie și tăiați în felii.
e) Serviți imediat.

51. Mozzarella, Busuiocul Piadine

SERVEȘTE 4

Ingrediente:

- 4 tortille de piadine sau medii (12 inchi).

- 3—4 linguri pastă de tomate

- 1 roșie mare coaptă, feliată subțire

- 1—2 catei de usturoi, tocati

- 4—6 uncii de brânză mozzarella proaspătă, feliată

- Aproximativ 12 frunze de busuioc thailandez sau vietnamez (sau busuioc obișnuit)

- Aproximativ 3 uncii de brânză Gorgonzola, feliată sau mărunțită

- 2—3 linguri de parmezan proaspăt ras sau altă brânză de ras, cum ar fi Asiago sau grana

- Ulei de măsline extravirgin pentru stropire

Directii

a) Preîncălziți broilerul.
b) Întindeți piadina pe 1 sau 2 foi de copt și întindeți-le cu puțină pastă de roșii, apoi stratificați cu o cantitate mică de roșii și

stropiți cu usturoi. Acoperiți cu mozzarella, busuioc și Gorgonzola, stropiți cu parmezan, apoi stropiți cu ulei de măsline.

c) Se prăjește, lucrând în reprize dacă este necesar, până când brânza se topește și sandvișurile sfârâie fierbinți. Serviți imediat.

52. Quesadilla pe tortilla cu dovleac

SERVEȘTE 4

Ingrediente:

- 2 ardei iute verzi mari, cum ar fi Anaheim sau poblano, sau 2 ardei gras verzi
- 1 ceapa, tocata
- 2 catei de usturoi, tocati
- 1 lingura ulei de masline extravirgin
- 1 kilogram carne de vită macră
- 1/8–¼ linguriță de scorțișoară măcinată, sau după gust
- ¼ linguriță de chimion măcinat Un vârf de cuișoare sau ienibahar măcinat
- 1/3 cană sherry uscat sau vin roșu sec
- ¼ cană stafide
- 2 linguri pasta de rosii
- 2 linguri de zahar
- Câteva shake-uri de vin roșu sau oțet de sherry
- Sare

- Piper negru
- Câteva shake-uri de cayenne sau Tabasco dacă folosiți ardei gras în loc de ardei iute
- $\frac{1}{4}$ cană migdale tocate grosier
- 2—3 linguri coriandru proaspăt tocat grosier, plus suplimentar pentru ornat
- 8 tortilla de dovleac
- 6-8 uncii de brânză blândă, cum ar fi Jack, manchego sau Mezzo Secco
- Ulei de măsline pentru perierea tortillelor
- Aproximativ 2 linguri de smantana pentru ornat

Directii

a) Prăjiți ardeii sau ardeiul la foc deschis până când se carbonizează ușor și uniform peste tot. Puneți într-o pungă de plastic sau un bol și acoperiți. Lăsați deoparte cel puțin 30 de minute, deoarece aburul ajută la separarea pielii de carne.

b) Pregătiți picadillo: căliți ceapa și usturoiul în ulei de măsline la foc mediu până se înmoaie, apoi adăugați carnea de vită și gătiți împreună, amestecând și rupând carnea în timp ce gătiți. Când carnea este rumenită pe pete, stropiți cu scorțișoară, chimen și cuișoare și continuați să gătiți și să amestecați.

c) Adăugați sherry, stafidele, pasta de roșii, zahărul și oțetul. Gatiti impreuna aproximativ 15 minute, amestecand din cand in cand; daca pare uscat, adauga putina apa sau mai mult sherry. Se condimentează cu sare, piper și cayenne și se potrivesc zahărul și oțetul după gust. Se adauga migdalele si coriandru si se lasa deoparte.

d) Scoateți ardeii pielea, tulpinile și semințele, apoi tăiați ardeii fâșii.

e) Întindeți 4 tortilla și întindeți-le cu picadillo. Adăugați fâșiile de ardei copt, apoi un strat de brânză și acoperiți fiecare cu o a doua tortilla. Apăsați ferm pentru a le ține împreună.

f) Încinge o tigaie grea antiaderentă la foc mediu-înalt. Ungeți ușor exteriorul quesadillelor cu ulei de măsline și adăugați-le în tigaie, lucrând în reprize.

g) Reduceți focul la mediu-scăzut, rumeniți pe o parte, apoi întoarceți cu atenție folosind spatula cu îndrumarea mâinii, dacă este necesar. Gatiti pe a doua parte pana devine auriu pe pete si branza se topeste.

h) Se serveste imediat, taiate felii, garnisite cu o praf de smantana si coriandru.

53. Pepperoni, provolone & Pecorino Pita!

SERVEȘTE 4

Ingrediente:

- 4 pita
- ½ cană ardei roșii și/sau galbeni prăjiți, curățați și tăiați felii
- 2 catei de usturoi, tocati
- 4 uncii pepperoni, felii subțiri
- 4 uncii de brânză provolone, tăiată cubulețe
- 2 linguri de brânză pecorino proaspăt rasă
- 4 ardei murați italieni sau greci, cum ar fi pepperoncini, feliați subțiri
- Ulei de măsline pentru periajul pita

Directii

a) Deschideți o parte din fiecare pita și deschideți-o pentru a forma buzunare.
b) Puneți ardei, usturoi, pepperoni, provolone, pecorino și ardei în fiecare pita și apăsați pentru a închide. Ungeți ușor exteriorul cu ulei de măsline.

c) Încălziți o tigaie grea antiaderentă la foc mediu-mare sau folosiți un aparat pentru sandvișuri sau o presă pentru panini. Pune sandvișurile în tigaie.
d) Reduceți căldura la mic și cântărițisandvișuri jos, apăsând în timp ce le rumeniți. Gatiti doar pana se topeste branza; nu vrei ca brânzeturile să se rumenească și crocante, pur și simplu pentru a ține toate umpluturile împreună.
e) Serviți imediat.

54. Quesadilla cu brânză de oaie la grătar

SERVEȘTE 4

Ingrediente:

- 8 tortilla mari de făină
- 1 lingura tarhon proaspat tocat
- 2 roșii mari coapte, feliate subțiri
- 8–10 uncii brânză de oaie ușor uscată
- Ulei de măsline, pentru perierea tortillelor

Directii

a) Așezați tortilla pe o suprafață de lucru, stropiți cu tarhon și așezați-le cu roșiile. Acoperiți cu brânză și acoperiți fiecare cu o a doua tortilla.

b) Ungeți fiecare sandviș cu ulei de măsline și încălziți o tigaie grea antiaderentă sau un grătar plat la foc mediu. Lucrând câte una, gătiți quesadilla pe o parte; când este păsată ușor cu maro auriu și brânza se topește, răsturnați-o și gătiți a doua parte, apăsând în timp ce se gătește pentru a o aplatiza.

c) Serviți imediat, tăiați în felii.

55. Cheddar la grătar, chutney și cârnați

SERVEȘTE 4

Ingrediente:

- 1—2 cârnați condimentați, tăiați în diagonală
- 4 pita din grâu integral, buzunarele deschise
- 3—4 linguri chutney de mango dulce și picant
- 2 linguri coriandru proaspăt tocat
- 6—8 uncii de brânză Cheddar matură, mărunțită grosier
- 1 lingură ulei de măsline pentru periajul pâinii
- 3 linguri de semințe de floarea soarelui prăjite decojite

Directii

a) Rumeniți cârnații tăiați felii într-o tigaie la foc mediu. Pune-le deoparte să se scurgă pe prosoape de hârtie.
b) Aranjați pita pe o suprafață de lucru. Ungeți 1 jumătate din interior cu chutney, apoi adăugați cârnații, coriandru și la final brânza. Apăsați ușor pentru a închide și ungeți exteriorul cu ulei de măsline.

c) Încinge o tigaie grea antiaderență la foc mediu-mare sau folosește o presă pentru panini. Adăugați pita umplute și apăsați ușor; reduceți căldura la mediu sau chiar mediu-scăzut. Gatiti pe o parte pana cand devine usor auriu pe pete si branza se topeste; se rastoarna si se rumeneste usor pe a doua parte. Când brânza este topită, se scoate din tigaie.
d) Serviți imediat, presărați cu semințe de floarea-soarelui și oferiți chutney suplimentar în lateral pentru tamponare.

56. Prosciutto & Taleggio cu Smochine pe Mesclun

SERVEȘTE 4

Ingrediente:

- 8 felii foarte subtiri de paine cu aluat sau bagheta
- 3 linguri ulei de măsline extravirgin, împărțit
- 3—4 uncii de prosciutto, tăiat în 8 felii
- 8 uncii de brânză Taleggio coptă, tăiată în opt bucăți groase de $\frac{1}{4}$ inch
- 4 pumni mari de amestec de primavara pentru salata (mesclun)
- 2 linguri arpagic proaspat tocat
- 2 linguri cervil proaspăt tocat
- 1 lingura suc proaspat de lamaie Sare
- Piper negru
- 6 smochine negre coapte, tăiate în sferturi
- 1—2 lingurițe de oțet balsamic

Directii

a) Ungeți ușor pâinea cu o cantitate mică de ulei de măsline și aranjați-o pe o tavă de copt. 2

Preîncălziți cuptorul la 400°F. Așezați pâinea pe gratarul cel mai înalt și coaceți aproximativ 5 minute sau până când abia încep să devină crocante. Scoateți și lăsați să se răcească, aproximativ 10 minute.

b) Când se răcește, înfășurați feliile de prosciutto în jurul feliilor Taleggio și puneți-le pe fiecare deasupra unei bucăți de pâine. Puneți deoparte o clipă în timp ce pregătiți salata.

c) Se amestecă verdeața cu aproximativ 1 lingură de ulei de măsline, arpagicul și cervilul, apoi se amestecă cu zeama de lămâie, sare și piper după gust. Se aranjează pe 4 farfurii și se ornează cu sferturile de smochine.

d) Ungeți partea superioară a pachetelor învelite în prosciutto cu uleiul de măsline rămas, apoi puneți-le într-o tigaie mare rezistentă la cuptor și coaceți timp de 5 până la 7 minute sau până când brânza începe să curgă și prosciutto-ul se prinde pe margini.

e) Scoateți rapid pachetele și aranjați pe fiecare salată, apoi agitați oțetul balsamic în tigaia încinsă. Se rotește astfel încât să se încălzească, apoi se toarnă peste salate și pâine prăjită. Serviți imediat.

57. Fontinacu Rucola, Mizuna & Pere

SERVEȘTE 4

Ingrediente:

- 8 felii de pâine cu aluat Aproximativ 6 uncii de bresaola, feliate subțire

- 6-8 uncii brânză de nuci, aromată, care se topește, cum ar fi fontina, Jarlsberg sau Emmentaler

- Aproximativ 4 căni amestecate pentru pui de rucola și mizuna, sau alte verdețuri fragede, cum ar fi amestecul de primăvară

- 2 pere coapte, dar ferme, feliate subțiri sau tăiate julien, aruncate cu puțină zeamă de lămâie pentru a nu se rumeni

- 1 șalotă, tocată

- 1 lingura otet balsamic

- 2 linguri ulei de măsline extravirgin, plus mai mult pentru periaj Sare

- Piper negru

Directii

a) Aranjați 4 bucăți de pâine pe o suprafață de lucru și pe o parte așezați bresaola, apoi acoperiți cu brânză și terminați prin acoperirea cu celelalte felii de aluat. Apăsați ușor, dar ferm, pentru a sigila.
b) Între timp, amestecați verdeața într-un castron cu perele tăiate felii. Pus deoparte.
c) Într-un castron mic, amestecați eșalota cu oțetul balsamic și 2 linguri de ulei de măsline, apoi condimentați cu sare și piper după gust. Pus deoparte.
d) Unge sandvișurile cu o cantitate mică de ulei de măsline. Încinge o presă de sandvici sau o tigaie grea antiaderentă la foc mediu-mare, apoi pune sandvișurile în tigaie. Probabil va trebui să faceți acest lucru în 2 loturi.Cântărește sandvișurile. Gătiți până când pâinea este crocantă și aurie, apoi întoarceți și repetați pe a doua parte, până când brânza se topește.
e) Chiar înainte ca sandvișurile să fie gata, amestecați salata cu dressingul. Distribuiți salata în 4 farfurii. Când sandvișurile sunt gata, se scot din tigaie, se taie în sferturi și se așează câte 4 pe fiecare farfurie de salată.
f) Serviți imediat.

58. Sandvișuri Chèvreîn Salată

SERVEȘTE 4

Ingrediente:

- Aproximativ ½2 baghete, tăiate în 12 felii diagonale de aproximativ ½ inch grosime
- 2 linguri ulei de măsline extravirgin, sau la nevoie
- 3 uncii brânză de capră cu coajă, cum ar fi Lezay, feliată de ¼ până la ½ inch grosime
- Un praf generos de frunze de cimbru uscat sau proaspăt
- Piper negru
- 1 lingura otet de vin rosu, impartit
- Aproximativ 6 căni de verdeață amestecată, cum ar fi amestecul de primăvară, inclusiv un pic de frisee tânără și rucola
- 2 linguri pătrunjel proaspăt tocat, arpagic, cervil sau o combinație
- 1 lingura ulei de nuca
- ¼ cană bucăți de nucă

Directii

a) Preîncălziți broilerul.
b) Ungeți feliile de baghetă cu puțin ulei de măsline, apoi puneți-le pe o foaie de copt și puneți-le la grătar timp de aproximativ 5 minute, sau până devin aurii doar pe o parte. Scoateți din broiler.
c) Întoarceți pâinea prăjită și pe părțile neprăjite, puneți o felie sau 2 din brânză de capră. Cantitatea pe care o folosiți per sandviș va depinde de cât de mari sunt feliile dvs. de baghetă. Stropiți blaturile cu puțin ulei de măsline, presărați cimbru și piper negru, apoi agitați câteva picături de oțet peste brânzeturi.
d) Intre timp, se amesteca salata cu ierburile tocate si se imbraca cu uleiul de nuca si uleiul de masline si otetul ramas si se stropesc bucatile de nuca. Aranjați pe 4 farfurii mari sau în boluri de supă puțin adânci.
e) Puneți pâinea prăjită cu brânză de capră sub broiler și lăsați-le la grătar timp de aproximativ 5 minute sau până când brânza se înmoaie și blatul începe să clocotească pe alocuri, de culoarea brânzei nuanțată de maro auriu.
f) Puneți imediat 3 sandvișuri fierbinți cu brânză de capră deasupra salatei îmbrăcate pe fiecare farfurie și serviți imediat.

59. Sandvişuri Halloumi sfârâitecu Tei

SERVEȘTE 4

Ingrediente:

- 1 unt de cap sau salată verde Boston Bibb, tăiată și separată în frunze
- 1 ceapă albă ușoară, curățată de coajă și tăiată felii subțiri în cruce
- 4 linguri ulei de măsline extravirgin, împărțit
- 1 lingurita otet de vin alb
- 3 roșii mari coapte, tăiate felii
- Sare
- Piper negru
- ½ baghetă, tăiată în 12 felii diagonale de aproximativ ½ inch grosime
- 12 uncii de halloumi, feliate de aproximativ ½ inch grosime
- 2 lime, tăiate felii (sau aproximativ 2 linguri de suc proaspăt de lămâie) Un praf de oregano uscat

Directii

a) Preîncălziți broilerul.
b) Într-un castron mare, amestecați salata verde și ceapa, apoi îmbrăcați cu aproximativ 2 linguri de ulei de măsline și oțet. Se imparte in 4 farfurii, apoi se orneaza fiecare cu felii de rosii; presarati salatele cu sare si piper si puneti deoparte.
c) Ungeți feliile de baghetă cu puțin ulei de măsline, puneți-le pe o foaie de copt și prăjiți ușor pe ambele părți. Pus deoparte.
d) Aranjați halloumi pe o foaie de copt și ungeți cu puțin ulei de măsline. Se prăjesc pe o parte până se rumenesc pe pete, apoi se scot. Întoarceți fiecare felie de brânză și puneți-o deasupra unui pâine prăjită, apoi ungeți din nou cu ulei de măsline și întoarceți-o pe broiler. Se prăjește până se fierbinte și se rumenesc ușor pe pete.
e) Puneți 3 pâine prăjită fierbinte cu halloumi pe fiecare salată, stoarceți sucul de lămâie peste halloumi și lăsați puțin să se stropească pe salate. Se presară cu oregano și se servește.

60. TrufatPaine prajita& Salata de rucola

SERVEȘTE 4

Ingrediente:

- 4 felii destul de groase pain au levain, fiecare felie in patru

- Aproximativ 2 lingurițe de ulei de trufe, sau după gust (aromele diferitelor uleiuri de trufe tind să varieze foarte mult)

- 2 brânzeturi coapte St. Marcellin (aproximativ 2 ½ uncii fiecare)

- Un vârf de cuțit de sare

- Aproximativ 8 uncii de frunze tinere de rucola (aproximativ 4 căni împachetate lejer)

- 2 linguri ulei de măsline extravirgin Câteva shake-uri de oțet de sherry

Directii

a) Preîncălziți cuptorul la 400°F.
b) Aranjați bucățile de pain au levain pe o foaie de copt și prăjiți ușor la cuptor pe ambele părți. Scoateți din cuptor și stropiți fiecare cu puțin ulei de trufe, apoi puneți aproximativ 1 lingură

de brânză St. Marcellin deasupra fiecărui pâine prăjită.

c) Stropiți ușor brânza cu un praf de sare. Reveniți la cuptor pentru câteva clipe.

d) Între timp, aranjați rucola pe 4 farfurii. Agitați peste fiecare farfurie câte puțin ulei de măsline, puțin ulei de trufe și câteva picături ici și colo de oțet de sherry. Nu aruncați, pur și simplu lăsați picăturile să stea pe farfurii.

e) Scoateți pâinea prăjită cu brânză din cuptor după doar 30 până la 45 de secunde. Nu vrei ca brânza să se topească complet sau să sfârâie și să devină uleioasă; vrei să devină pur și simplu puțin caldă și cremoasă.

f) Puneți 4 pâine prăjită fierbinte pe fiecare farfurie de salată și serviți imediat.

61. Pâine prăjită cu căpşuni şi cremă de brânză

SERVEȘTE 4

Ingrediente:

- 8 felii de grosime medie de pâine albă moale, dulce, cum ar fi challah sau brioșă
- 8—12 linguri (aproximativ 8 uncii) cremă de brânză (grasime scăzută este bine)
- Aproximativ ½ cană conserve de căpșuni
- 1 cană (aproximativ 10 uncii) căpșuni feliate
- 2 oua mari, batute usor
- 1 galbenus de ou
- Aproximativ ½ cană de lapte (grasime scăzută este bine)
- Un strop de extract de vanilie
- Zahăr
- 2—4 linguri de unt nesarat
- ½ linguriță suc proaspăt de lămâie
- ½ cană smântână
- Câteva crenguțe de mentă proaspătă, feliate subțiri

Directii

a) Întindeți 4 felii de pâine groase cu crema de brânză, îngustându-se puțin în lateral, pentru ca crema de brânză să nu se scurgă în gătit, apoi întindeți celelalte 4 felii de pâine cu conservele.
b) Peste crema de branza se imprastie un strat usor de capsuni.
c) Acoperiți fiecare bucată de pâine tartinată cu brânză cu o bucată de pâine tartinată de conserve. Apăsați ușor, dar ferm pentru a sigila.
d) Într-un castron puțin adânc, combinați ouăle, gălbenușul de ou, laptele, extractul de vanilie și aproximativ 1 lingură de zahăr.
e) Încinge o tigaie grea antiaderență la foc mediu-înalt. Adăugați untul. Înmuiați fiecare sandviș, câte unul, în bolul cu laptele și oul. Lăsați-l la macerat un moment sau 2, apoi întoarceți-l și repetați.
f) Pune sandvișurile în tigaia încinsă cu untul topit și lasă-le să se gătească până la o culoare aurie. Întoarceți și rumeniți ușor cele doua părți.
g) Între timp, combinați căpșunile rămase cu zahărul după gust și sucul de lămâie.

h) Serviți fiecare sandviș imediat ce este gata, ornat cu o lingură sau 2 căpșuni și o praf de smântână.
i) Stropiți-le și cu puțină mentă.

62. Budinca de paineSandvişuri

SERVEȘTE 4

Ingrediente:

- ¾ cană zahăr brun deschis la pachet
- ¼ cană zahăr, împărțit
- 5—6 cuișoare
- 1/8 linguriță de scorțișoară măcinată, plus un plus pentru agitare deasupra
- 1 măr mare, acidulat, cum ar fi Granny Smith, nedecojit și tăiat felii subțiri
- ¼ cană stafide
- ½ linguriță extract de vanilie
- 8 felii groase (de ¾ până la 1 inch) de pâine franceză, de preferință veche
- 6—8 uncii de brânză topită blândă, cum ar fi Jack, sau un Cheddar alb foarte blând, feliat
- ½ cană de migdale albite sau nuci de pin
- Aproximativ 3 linguri de unt
- 1 lingura ulei de masline

Directii

a) **eu** într-o cratiță cu fundul greu, combinați zahărul brun cu 2 linguri de zahăr, cuișoarele și scorțișoara. Adăugați 2 căni de apă și amestecați pentru a se amesteca bine.
b) Se pune la foc mediu-mare și se aduce la fierbere, apoi se reduce focul la mediu-mic, până când lichidul formează un clocot ușor. Gatiti 15 minute sau pana se formeaza un sirop. Adăugați feliile de mere și stafidele, apoi gătiți încă 5 minute. Se ia de pe foc si se adauga vanilia.
c) **A** aranjați feliile de pâine pe o suprafață de lucru. Peste fiecare bucată de pâine se pune sirop fierbinte, câteva linguri pe bucată. Întoarceți cu atenție fiecare bucată și puneți sirop fierbinte peste a doua parte. Lăsați aproximativ 30 de minute.
d) Puneți puțin mai mult sirop pe pâine, din nou aproximativ o lingură pentru fiecare felie de pâine. Pâinea va deveni destul de moale și riscă să se destrame pe măsură ce absoarbe siropul dulce, așa că aveți grijă când o manipulați. Lăsați încă 15 minute sau cam așa ceva.
e) Pune o felie de brânză deasupra celor 4 felii de pâine înmuiată. Acoperiți fiecare cu aproximativ $\frac{1}{4}$ din mere, stafide și o stropire de migdale

(rezervați câteva pentru sfârșit). Acoperiți cu feliile de pâine rămase pentru a forma 4 sandvișuri. Apăsați împreună.

f) Se încălzește o tigaie grea antiaderentă la foc mediu-mare, apoi se adaugă aproximativ 1 lingură de unt și ulei de măsline. Când untul face spumă și se rumenește, adăugați sandvișurile. Reduceți focul la mediu și gătiți, apăsând ușor cu spatula. Reglați căldura pe măsură ce sandvișurile se rumenesc, coborând-o după cum este necesar pentru a menține zahărul din sirop să se rumenească, dar să nu se ardă.

g) Întoarceți sandvișurile de mai multe ori, adăugând mai mult unt în tigaie, având grijă ca sandvișurile să nu se destrame pe măsură ce le întoarceți. Apăsați din când în când, până când partea exterioară a sandvișurilor este rumenită și crocantă și brânza s-a topit.

h) Cu un minut sau 2 înainte ca acestea să ajungă în această stare, aruncați migdalele rămase în tigaie și lăsați-le să se prăjească ușor și să se rumenească. Stropiți sandvișurile și migdalele cu restul de 2 linguri de zahăr.

i) Serviți imediat, fiecare sandviș presărat cu migdalele prăjite.

63. Burger cu cereale și brânză

Randament: 4 portii

Ingrediente:

- 1½ cană ciuperci, tocate
- ½ cană ceapă verde, tocată
- 1 lingura Margarina
- ½ cană de ovăz rulat, obișnuit
- ½ cană de orez brun, fiert
- ⅔ cană brânză măruntită, mozzarella
- Sau cheddar
- 3 linguri Nuci, tocate
- 3 linguri de brânză de vaci sau ricotta
- Conținut scăzut de grăsimi
- 2 ouă mari
- 2 linguri patrunjel, tocat
- Sare piper

Directii

a) Într-o tigaie antiaderentă de 10 până la 12 inci, la foc mediu, gătiți ciupercile și ceapa verde în margarină până când legumele sunt moale, aproximativ 6 minute. Adăugați ovăz și amestecați timp de 2 minute.

b) Se ia de pe foc, se lasa putin sa se raceasca, apoi se adauga orezul fiert, branza, nucile, branza de vaci, ouale si patrunjel. Se adauga sare si piper dupa gust. Pe o tavă de copt unsă cu ulei de 12X15 inci, formați 4 chifle, fiecare de $\frac{1}{2}$ inch grosime.

c) Se prăjește la 3 inci de căldură, întorcându-se o dată, 6 până la 7 minute în total. Serviți pe pâine cu maioneză, rondele de ceapă și salată verde.

64. Burger Black Angus cu brânză cheddar

Randament: 1 porție

Ingrediente:

- 2 kg carne de vită Angus măcinată
- 3 ardei poblano la grătar, fără semințe și; felie în treimi
- 6 felii de brânză cheddar galbenă
- 6 rulouri de hamburger
- Salată verde de stejar roșu
- Ceapa rosie murata
- Vinaigretă cu ardei Poblano
- Sare și piper negru proaspăt măcinat

Directii

a) Pregătiți un foc de lemne sau cărbune și lăsați-l să ardă până la jar.

b) Într-un bol mare asezonează carnea de vită angus cu sare și piper. Se da la frigider pana este gata de utilizare. Când este gata de utilizare, formați discuri groase de 1 inch.

c) Prăjiți timp de cinci minute pe fiecare parte pentru rar mediu. În ultimele cinci minute acoperiți cu brânză cheddar. Când ați terminat de grătar, pe o jumătate de rulou puneți burgerul și deasupra cu baby stejar roșu, ardei poblano, vinegretă și ceapă roșie murată. Serviți imediat.

65. Sandviș cu brânză americană la grătar și roșii

Randament: 4 portii

Ingrediente:

- 8 felii pâine albă
- Unt
- Muștar preparat
- 8 felii de brânză americană
- 8 felii de roșii

Directii

a) Pentru fiecare sandviș, ungeți cu unt 2 felii de pâine albă. Ungeți părțile fără unt cu muștar preparat și puneți 2 felii de brânză americană și două felii de roșii între pâine, cu părțile unse în afară.

b) Rumeniți într-o tigaie pe ambele părți sau grătar până când brânza se topește.

66. Măr și brânză la grătar

Randament: 2 porții

Ingrediente:

- 1 măr mic Red Delicious
- ½ cană brânză de vaci cu conținut scăzut de grăsimi 1%.
- 3 linguri ceapa mov tocata marunt
- 2 brioșe englezești cu aluat, împărțite și prăjite
- ¼ cană brânză albastră mărunțită

Directii

a) Mărurile de bază și tăiați-le în cruce în 4 inele (¼ inch); pus deoparte.

b) Combinați brânza de vaci și ceapa într-un castron mic și amestecați bine. Întindeți aproximativ 2-½ linguri de amestec de brânză de vaci pe fiecare jumătate de brioșă.

c) Acoperiți fiecare jumătate de brioșă cu 1 inel de mere; se presară uniform brânză albastră mărunțită peste rondele de mere. Așezați pe o foaie de copt.

d) Prăjiți la 3 inci de căldură timp de 1-$\frac{1}{2}$ minut sau până când brânza albastră se topește.

67. Pachete de vinete la gratar si branza

Randament: 1 porție

Ingrediente:

- pui vinete 250 de grame; tăiat în felii
- 4 linguri ulei de masline
- 250 grame branza tare de capra
- Coaja rasă și zeama de la 1 lămâie
- 1 20 de grame de pătrunjel proaspăt cu frunze plat; tocat mărunt
- 1 15 grame frunze de busuioc; sfâșiat în bucăți
- Sare și piper negru proaspăt măcinat

Directii

a) Preîncălziți grătarul la foc moderat.

b) Puneți felii de vinete pe o tigaie pentru grătar și ungeți ușor cu 1-2 linguri de ulei. Gatiti 2-3 minute pe fiecare parte sau pana devin maro auriu si moale. Se lasa sa se raceasca.

c) Într-un castron, combinați brânza tăiată cubulețe cu coaja și sucul de lămâie și puțin din pătrunjel și busuioc.

d) Pune o bucată de brânză pe o felie de vinete. Rulați și fixați cu un baton de cocktail. Repetați acest proces până când sunt folosite toate ingredientele.

e) Pune rulourile într-un bol de servire, se stropește peste uleiul rămas și se stropește cu ierburile rămase și se asezonează.

68. Sandvișuri cu brânză albastră la grătar cu nuci

Randament: 1 porție

Ingrediente:

- 1 cană brânză albastră mărunțită; (aproximativ 8 uncii)
- ½ cană nuci prăjite tăiate mărunt
- 16 felii pâine integrală; tuns în
- ; fără crustă de 3 inci
- ; pătrate
- 16 crengute mici de nasturel
- 6 linguri de unt; (3/4 baton)

Directii

a) Împărțiți brânza și nucile în mod egal în 8 pătrate de pâine. Acoperiți fiecare cu 2 crenguțe de nasturel.

b) Stropiți cu piper și acoperiți cu pătratele de pâine rămase, făcând 8 sandvișuri în total. Apăsați ușor împreună pentru a adera. (Se poate face cu 4 ore înainte. Acoperiți și răciți.)

c) Topiți 3 linguri de unt într-o grătar mare antiaderență sau o tigaie la foc mediu. Gătiți 4 sandvișuri pe grătar până când devine maro auriu și brânza se topește, aproximativ 3 minute pe fiecare parte.

d) Transferați pe tabla de tăiat. Repetați cu restul de 3 linguri de unt și 4 sandvișuri.

e) Tăiați sandvișurile pe diagonală în jumătate. Transferați pe farfurii și serviți.

69. Sandvișuri cu brânză cheddar și șuncă la grătar

Randament: 1 porție

Ingrediente:

- ¼ cană (1/2 baton) unt; temperatura camerei
- 1 lingură muștar de Dijon
- 2 lingurițe de cimbru proaspăt tocat
- 2 lingurițe pătrunjel proaspăt tocat
- 8 felii de pâine rustică de 6 x 4 inci; (aproximativ 1/2 inch grosime)
- ½ kg brânză Cheddar; feliate subțire
- ¼ de kilograme șuncă afumată feliată subțire
- ½ ceapă roșie mică; feliate subțire
- 1 roșie mare; feliate subțire

Directii

a) Se amestecă primele 4 ingrediente într-un bol. Asezonați cu sare și piper. Aranjați 4 felii de pâine pe suprafața de lucru.

b) Împărțiți jumătate din brânză în mod egal între feliile de pâine. Acoperiți cu șuncă, apoi ceapă, roșii și brânză rămasă. Pune sandvișurile cu pâinea rămasă. Răspândiți unt de plante pe exteriorul blatului și fundului sandvișului.

c) Încinge o tigaie mare antiaderență la foc mediu. Adăugați sandvișuri și gătiți până când fundul devine auriu, aproximativ 3 minute. Întoarceți sandvișurile, acoperiți tigaia și gătiți până când brânza se topește și pâinea este aurie, aproximativ 3 minute.

70. Petrecere Branza si bacon la gratar

Randament: 100 de porții

Ingrediente:

- 12 lire slănină; feliate
- 5 3/16 lire brânză
- 2 kilograme de unt imprimeu sigur
- 200 de felii de pâine

Directii

a) Se prăjește slănină

b) Pe fiecare sandviș puneți 1 felie de brânză și 2 felii de slănină.

c) Ungeți ușor partea de sus și de jos a sandvișurilor cu unt sau margarină.

d) Prăjiți până când sandvișurile sunt ușor rumenite pe fiecare parte și brânza este topită.

71. Bruscheta cu branza la gratar

Randament: 4 portii

Ingrediente:

- 8 (1/2 inch) felii groase de pâine de țară
- ¼ cana ulei de masline amestecat cu 4 catei de usturoi macinati
- 1 cană brânză Monterey Jack, rasă fin
- 8 uncii brânză moale de capră
- 2 linguri Piper negru măcinat grosier
- 2 linguri oregano tocat fin

Directii

a) Preîncălziți grătarul. Ungeți fiecare felie de pâine cu ulei de usturoi. Prăjiți, cu uleiul în jos, până se rumenesc ușor.

b) Întoarceți fiecare felie și acoperiți cu 2 linguri de Monterey Jack, 1 uncie de brânză de capră, piper negru și oregano.

c) Prăjiți până când brânza începe să se topească.

72. Înghițitori de brânză la grătar

Randament: 4 portii

Ingrediente:

- 8 felii de aluat sau multicereale
- Pâine
- ½ cană sos de afine
- 6 uncii de curcan, fiert și feliat
- 4 uncii de brânză Cheddar, blândă sau
- Ascuțit, feliat subțire
- Unt

Directii

a) Ungeți 4 felii de pâine cu sos de afine: deasupra curcan, brânză și feliile de pâine rămase.

b) Întindeți ușor în afara sandvișurilor cu unt; gătiți într-o tigaie mare la foc mediu-mic până se rumenesc pe ambele părți.

73. Brânză la grătar în pâine prăjită

Randament: 4 portii

Ingrediente:

- 2 oua -- batute
- ¼ cană lapte
- ¼ cană de sherry uscat
- ¼ linguriță sos Worcestershire
- 8 felii pâine albă sau pâine integrală
- 4 felii de brânză Cheddar

Directii

a) Într-un castron puțin adânc, combinați ouăle, laptele, sherry și Worcestershire.

b) Asamblați 4 sandvișuri cu brânză, apoi scufundați-le pe fiecare în amestecul de ouă și puneți la grătar încet în unt, întorcându-le o dată pentru a obține ambele părți maro auriu.

74. Pâine de brânză la grătar

Randament: 10 porții

Ingrediente:

- 1 pachet (3 oz) cremă de brânză; înmuiat
- 2 linguri de unt sau margarina; înmuiat
- 1 cană brânză mozzarella măruntită
- ¼ cană ceapă verde tocată cu blat
- ½ linguriță sare de usturoi
- 1 pâine franțuzească; feliate

Directii

a) Într-un castron, bate crema de brânză și untul. Adăugați brânza, ceapa și sare de usturoi; amesteca bine. Se întinde pe ambele părți ale fiecărei felii de pâine. Înfășurați pâinea într-o bucată mare de folie rezistentă; sigilați etanș.

b) Gratar, acoperit, peste carbuni medii, timp de 8-10 minute, intoarcend o data. Desfaceți folie; gratar cu 5 minute mai mult.

75. Placintă cu sandvici cu brânză la grătar

Randament: 4 portii

Ingrediente:

- 1 ou
- 1 cană de lapte
- ¾ cană făină
- 2½ cană de brânză Meunster -- mărunțită
- ½ lingurita Sare
- 2 cani de sunca, bacon maruntit --
- Cuburi
- ⅛ linguriță de piper
- Ciupercă
- 1 lingurita Oregano
- Ardei

Directii

a) Într-un castron mic, combinați oul, făina, sarea, piperul și jumătate din lapte.

b) Folosind un batător rotativ, bateți până se omogenizează. Adăugați laptele rămas și bateți până se omogenizează bine. Se amestecă jumătate din brânză și șunca sau baconul și se toarnă într-o tavă de plăcintă de 8 inchi bine unsă sau într-o tavă de copt de 2 litri.

c) Coaceți la 425 F timp de 30 de minute. Presărați brânza rămasă deasupra și coaceți până când brânza se topește (2 minute)

76. Branza la gratar cu anghinare

Randament: 4 portii

Ingrediente:

- 2 lingurițe de muștar de Dijon
- 8 uncii Rulouri pentru sandvișuri, (4 rulouri) împărțite și prăjite
- ¾ uncie felii de brânză americană fără grăsimi, (8 felii)
- 1 cană Inimioare de anghinare tăiate și scurse
- 1 roșie, feliată cu grosimea de 1/4".
- 2 linguri sos italian fără ulei

Directii

a) Întindeți ½ linguriță de muștar pe jumătatea superioară a fiecărei rulouri; pus deoparte.

b) Puneți jumătățile inferioare de rulouri pe o tavă de copt. Acoperiți fiecare cu 2 felii de brânză, ¼ de cană de anghinare feliate și 2 felii de roșii; stropiți fiecare cu 1-½ linguriță de dressing. Se prăjește 2 minute sau până când brânza se topește. Acoperiți cu vârfuri de rulouri. Randament: 4 portii.

77. Branza la gratar cu olivada

Randament: 1 porție

Ingrediente:

- 2 felii pâine albă sau cu ou; (Challah)
- Cantitate mică de maioneză
- brânză elvețiană
- Felii subțiri de roșii coapte
- Sare si piper

Directii

a) Ungeți fiecare felie de pâine cu olivada și puțină maioneză.

b) Sandwich o felie sau două de brânză între pâine, cu sau fără o felie de roșie.

c) Sotește sau grătar sandviș pe fiecare parte până când brânza se topește.

78. Branza la gratar cu curcan afumat si avocado

Randament: 1 porție

Ingrediente:

- 3 uncii mozzarella cu lapte integral
- ½ avocado din California ferm copt
- 2 linguri de unt nesarat; înmuiat
- 4 felii Pumpernichel ferm
- 1 lingură muștar de Dijon
- 6 uncii de curcan afumat feliat subțire
- Poate fi preparat în 45 de minute sau mai puțin.

Directii

a) Întindeți unt pe o parte a fiecărei felii de pâine și întoarceți feliile.

b) Întindeți muștar pe felii de pâine și acoperiți 2 felii cu mozzarella, avocado și curcan.

c) Asezonați curcanul cu sare și piper și acoperiți cu restul de 2 felii de pâine, cu părțile unse în sus.

d) Încălziți o tigaie grea la foc moderat până când este fierbinte, dar nu se afumă și gătiți sandvișuri până când pâinea este crocantă și brânza este topită, aproximativ $1\frac{1}{2}$ minute pe fiecare parte.

e) Serviți sandvișurile cu salată de castraveți.

79. Pui la grătar pe pâine prăjită cu brânză de capră

Randament: 1 porție

Ingrediente:

- 125 grame brânză de capră
- 1 cățel de usturoi; zdrobit
- O jumătate de lămâie; pofta de
- 50 grame măsline negre; cu pietre și tocate
- 1 piept de pui
- Ulei de masline
- 1 felie pâine de țară
- Câteva frunze plate de pătrunjel
- 1 eșalotă mică; feliate

Directii

a) Se amestecă primele patru ingrediente și se lasă deoparte.

b) Asezonați puiul, ungeți-l cu ulei de măsline și grătarul timp de 6-8 minute pe fiecare parte sau până când este fiert.

c) Pâinea la grătar și apoi se întinde pe amestecul de brânză. Se felie puiul și se aranjează deasupra.

d) La sfarsit se pune patrunjelul si salota in putin ulei de masline si se aranjeaza deasupra.

80. Sandviș cu brânză-chipotle la grătar

Randament: 2 portii

Ingrediente:

- 4 felii pâine albă sau de grâu
- 2 linguriţe de ardei iute chipotle în piure
- 5 uncii de brânză - măruntită sau subţire
- 1 roşie coaptă -- feliată
- Ceapa rosie taiata subtire
- Frunze de coriandru -- grosier
- Tocat
- Unt moale

Directii

a) Întindeţi fiecare BUCATĂ DE PÂINE cu un strat subţire de piure de ardei iute sau mai mult dacă vă place sandvişul foarte fierbinte.

b) Acoperiţi felia de jos cu un strat de brânză, felii de roşii şi ceapă şi cât de mult coriandru doriţi. Acoperiţi cu a doua felie de pâine şi ungeţi-o.

c) Pune sandvișul, cu untul în jos, într-o tigaie de fontă. Ungeți și bucata de pâine de sus cu unt și gătiți încet sandwich.

d) Când partea de jos este maro aurie, întoarce-l și gătește-l pe cealaltă parte. Tava de acoperire va ajuta la topirea brânzei până când pâinea este crocantă și aurie.

e) Mănâncă imediat.

83. Piept de pui la grătar

Randament: 4 portii

Ingrediente:

- 3 uncii de brânză cremă, înmuiată
- ½ cană brânză albastră mărunțită
- ¼ cana nuci tocate
- 3 linguri de arpagic, împărțit
- ¾ linguriță de piper, împărțit
- 8 Piept de pui dezosat, fără piele
- ½ cană de unt
- 1 catel de usturoi, mare, tocat

Directii

a) Combinați brânzeturile, nucile, 1 lingură de arpagic și ¼ de linguriță de piper; pus deoparte. Toarnă pieptul de pui până la o grosime uniformă, aproximativ ¼ inch.

b) Întindeți aproximativ 1 lingură de amestec de brânză în centrul a 4 jumătați de piept de pui, lăsând un chenar de ½ inch pe toate părțile; rezervați amestecul de brânză rămas.

c) Acoperiți cu jumătățile de sân rămase.

d) Sigilați bine marginile lovindu-se cu un tocator de carne. Combinați untul, usturoiul, restul de 2 linguri de arpagic și $\frac{1}{2}$ linguriță de ardei într-o cratiță mică. Se încălzește la foc mediu-mic până se topește untul. Se ia de pe foc. Ungeți bine puiul cu amestec de unt.

e) Așezați puiul pe grătar peste cărbuni medii; grătarul neacoperit 12 până la 16 minute, întorcându-se o dată sau până când puiul este gătit și sucul curge limpede.

f) La sfârșitul timpului de gătire, puneți o bucată de amestec de brânză rămas pe fiecare porție. Serviți imediat.

84. File de vita la gratar cu branza albastra

Randament: 4 portii

Ingrediente:

- 3 până la 4 uncii de brânză albastră, mărunțită
- 6 gălbenușuri de ouă
- 1 linguriță Emeril's Worcestershire
- Sos
- Suc de 1 lămâie
- Sare și negru crăpat
- Piper
- ½ cană smântână groasă
- 6 (8 uncii) file de vită
- 2 linguri ulei de masline
- Esență
- 1½ kilograme de cartofi noi, tăiați în sferturi
- 1 baton de unt (8 linguri)
- Cuburi
- Sarat la gust
- ½ cană smântână grea

- 1 kg de bacon crocant, tocat
- ½ cană smântână
- 3 căni Emeril's Homemade
- Sos Worcestershire
- Urmează
- 2 linguri Ceapa verde tocata

Directii

a) Într-un robot de bucătărie cu o lamă de metal, se pasează împreună brânza, gălbenușurile, sosul Worcestershire și sucul de la 1 lămâie, până se omogenizează, aproximativ 2 minute. Se condimenteaza cu sare si piper crapat.

b) Cu mașina în funcțiune, adăugați încet ½ cană de smântână și amestecați până devine catifelată și cremoasă.

c) Dacă brânza nu are o textură ca o panglică, mai adăugați puțină smântână. Condimentează ambele părți ale fileurilor cu 1 lingură de ulei de măsline, sare și piper negru crăpat. Într-o tigaie mare, încălziți uleiul de măsline rămas.

d) Când uleiul este fierbinte, prăjiți fileurile timp de 2 minute pe toate părțile. Scoateți fileurile din tavă și puneți-le pe o tavă tapetată cu pergament.

e) Peste fiecare file se pune brânza cu lingura. Puneți fileurile în cuptor și coaceți timp de 8 până la 10 minute pentru raritate medie. Puneti cartofii in cratita si acoperiti cu apa. Asezonați apa cu sare. Aduceți lichidul la fierbere și reduceți la fiert.

f) Gatiti cartofii pana se inmoaie furculita, aproximativ 10 minute. Scoateți cartofii de pe foc și scurgeți. Pune cartofii înapoi în tigaie.

g) Puneți cratița înapoi pe aragaz, la foc mediu, și amestecați cartofii timp de 1 minut, astfel se va elimina orice exces de apă din cartofi. Adăugați untul și smântâna. Asezonați cu sare și piper. Pasează cartofii până când sunt ușor netezi. Îndoiți baconul și smântâna în piureul de cartofi.

h) Reasezonați cartofii dacă este necesar. Pentru a servi, montați cartofii în centrul fiecărei farfurii. Așezați fileurile direct deasupra cartofilor. Peste fiecare file de sos rămas din tigaie. Peste fiecare file se pune sosul Worcestershire. Se ornează cu ceapă verde.

85. Sandvișuri cu fantomă la grătar și brânză de dovleac

Randament: 16 portii

Ingrediente:

- 16 felii pâine albă sau integrală
- 8 felii de brânză albă precum Jack
- 4 măsline negre mari fără sâmburi
- 8 felii de brânză Cheddar
- 1 conserve Măsline negre tocate
- 4 măsline verzi fără sâmburi mari
- 12 felii de piment

Directii

a) Apăsați tăietorul de prăjituri fantomă într-o felie de pâine. Rupeți și aruncați excesul de pâine din jurul tăietorului; pune deoparte o bucată de pâine în formă de fantomă. Repetați cu încă 7 felii de pâine. Folosind un tăietor de prăjituri cu dovleac, tăiați pâinea rămasă în forme de dovleac, în același mod.

b) Prăjiți „fantome" și „dovlecei" sub broiler până devin maro auriu, aproximativ 1 minut. Întoarceți și repetați pe cealaltă parte.

c) Scoateți pâinea din cuptor și lăsați-o deoparte. Folosește tăietorul de prăjituri fantomă pentru a tăia 8 forme fantomă din felii de brânză albă. Cu un cuțit mic ascuțit, tăiați două găuri pentru ochi în fiecare felie de brânză albă. Asigurați-vă că „ochii" sunt suficient de mari pentru a rămâne deschiși atunci când brânza se topește. Tăiați măslinele negre în jumătate pe lungime.

d) Așezați pe felii de pâine fantomă unde vor merge ochii fantomelor. Pune 1 felie de brânză albă în formă de fantomă pe 1 felie de pâine fantomă cu găuri pentru ochi peste măsline. Repetați cu pâinea fantomă rămasă și brânză albă.

e) Folosește tăietorul de prăjituri cu dovleac pentru a tăia 8 forme de dovleac din felii de brânză de portocale. Tăiați 2 găuri pentru ochi și gura în fiecare felie de brânză. Acoperiți suprafața feliilor de pâine cu dovleac cu măsline negre tocate. Tăiați măslinele verzi în jumătate pe lungime.

f) Așezați o felie de măsline verzi pe tulpină și tăiați-o pentru a se potrivi. Puneți branza portocale deasupra pâinii și măslinelor. Puneți felii de piment în orificiul pentru gură.

g) Așezați toate sandvișurile pe o foaie de copt și puneți-le sub broiler până când brânza se topește ușor, 1 până la 2 minute. Produce 16 sandvișuri.

86. Brânză de capră la grătar în frunze proaspete de struguri

Randament: 16 portii

Ingrediente:

- 16 frunze mari tinere de struguri proaspete
- (sau frunze de struguri ambalate în saramură)
- 1 kg brânză de capră sfărâmicioasă, cum ar fi Montrachet
- ½ cană ulei de măsline extravirgin; la care se adauga
- 1 lingura ulei de masline extravirgin
- Piper negru proaspăt măcinat

Directii

a) Înmuiați frunzele proaspete de struguri în apă cu gheață cel puțin 30 de minute. Uscați înainte de utilizare. Clătiți frunzele ambalate în saramură, dacă sunt folosite, și uscați.

b) Se amestecă brânză și 1 lingură de ulei. Pus deoparte. Scoateți tulpinile din frunzele de struguri.

c) Turnați ½ cană de ulei rămasă pe o farfurie mică. Înmuiați partea inferioară a unei frunze în ulei. Așezați frunza, cu partea unsă în sus, pe suprafața de lucru. Puneți 1 lingură de amestec de brânză în centrul frunzei și asezonați cu piper măcinat generos.

d) Îndoiți părțile laterale și capetele de sus și de jos ale frunzei peste brânză pentru a face pătrat. Puneți cu cusătura în jos pe placa curată. Repetați cu frunzele rămase.

e) Prăjiți pe cărbuni mediu-iprinși, cu cusătura în jos, până când frunzele nu mai sunt de un verde strălucitor și sunt bine încrustate, aproximativ 2 minute. Întoarceți și grătar pe cealaltă parte aproximativ 2 minute. Sau frigeți aproape de sursa de căldură. Produce 16 frunze.

87. Brânză italiană la grătar

Randament: 4 portii

Ingrediente:

- 4 felii de pâine italiană; 1 inch grosime
- 4 felii de brânză Mozzarella sau provolone
- 3 ouă
- ½ cană de lapte
- ¾ lingurita condimente italiene
- ½ linguriță sare de usturoi
- ⅔ ceașcă pesmet de pâine condimentat italian

Directii

a) Tăiați un buzunar de 3 inci în fiecare felie de pâine; puneți o felie de brânză în fiecare buzunar. Într-un castron, bate ouăle, laptele, condimentele italiene și sarea de usturoi; înmuiați pâinea timp de 2 minute pe fiecare parte. Acoperiți cu pesmet.

b) Gătiți pe o grătar fierbinte unsă până când se rumenesc pe ambele părți.

88. Sandviş cu brânză deschisă şi roşii

Randament: 3 portii

- 3 felii de pâine ecologică în rondele de 1" grosime
- 1 roșie; felii grosime de 1/2".
- 6 felii de brânză cheddar albă; tăiate în triunghiuri
- Sare; la gust
- Piper negru proaspăt măcinat; la gust

Directii

a) Prăjiți rondele de pâine într-un cuptor de pâine. Puneți brânza cheddar deasupra rondelelor de pâine.

b) Prăjiți-le în cuptor până când brânza se topește.

c) Acoperiți brânză cu felii de roșii. Se condimenteaza cu sare si piper dupa gust. Servi. Face 3 sandvișuri cu fața deschisă.

89. Aluat, roșii, brânză roșie și albastră

Randament: 4 portii

Ingrediente:

- 1 roșie mare de friptură roșie; feliate
- 1 roșie galbenă mare de friptură de vită; feliate
- 1 ceapă mare roșie de Bermuda; feliate
- ¼ cană ulei de măsline
- 2 linguri oregano uscat
- Sare; la gust
- Piper negru proaspăt măcinat; la gust
- 1 pâine de sandwich cu aluat; feliate
- Unt; la temperatura camerei
- 2 linguri frunze proaspete de rozmarin; tocat
- Piper negru proaspăt spart
- 1 buchet mic de frunze de rucola; bine spalat
- 8 uncii brânză albastră; sfărâmat

Directii

a) Ungeți roșiile și feliile de ceapă cu ulei, stropiți cu oregano și asezonați cu sare și piper. Legumele la gratar rapid pe ambele parti pana se carbonizeaza frumos. Prăjiți felii de aluat într-un prăjitor de pâine sau sub un broiler.

b) Pe pâine prăjită se întinde un strat ușor de unt moale, se presară rozmarinul tocat pe pâinea unsă cu unt și se pudrează ușor cu piper negru.

c) Faceți sandvișurile așezând frunzele de rucola, roșiile la grătar și ceapa pe jumătate din feliile de aluat prăjit. Rezervați pâinea neumplută pentru blatul sandvișurilor. Răspândiți brânza albastră mărunțită deasupra legumelor și puneți rapid sandvișurile deschise sub un broiler.

d) Acoperiți cu o altă felie de pâine prăjită și serviți.

90. Portobello Po'Boys

Face 4 po'boys

Ingrediente:

- 3 linguri ulei de masline
- 4 capace de ciuperci Portobello, clătite ușor, uscate și tăiate în bucăți de 1 inch
- 1 lingurita condiment cajun
- Sare și piper negru proaspăt măcinat
- 1/4 cană maioneză vegană
- 4 rulouri de sandvici cruste, taiate la jumatate pe orizontala
- 4 felii de roșii coapte
- 11/2 cani de salata romana maruntita
- Sos Tabasco

Directii

a) Într-o tigaie mare, încălziți uleiul la foc mediu. Adăugați ciupercile și gătiți până se rumenesc și se înmoaie, aproximativ 8 minute.

b) Asezonați cu condimente Cajun și sare și piper după gust. Pus deoparte.

c) Întindeți maioneză pe părțile tăiate ale fiecărei rulouri.

d) Pune o felie de roșie pe fundul fiecărei rulouri, deasupra cu salată verde măruntită. Aranjați bucățile de ciuperci deasupra, stropiți cu Tabasco după gust, acoperiți cu cealaltă jumătate de rulou și serviți.

91. Sandvișuri cu bulgur neglijent

Face 4 sandvișuri

Ingrediente:

- $1\frac{3}{4}$ cani de apa
- 1 cană de bulgur măcinat mediu
- Sare
- 1 lingura ulei de masline
- 1 ceapa rosie mica, tocata
- 1/2 ardei gras rosu mediu, tocat
- (14,5 uncii) cutie de roșii zdrobite
- 1 lingura zahar
- 1 lingura de mustar galben sau maro picant
- 2 lingurite sos de soia
- 1 lingurita pudra de chili
- Piper negru proaspăt măcinat
- 4 rulouri de sandviș, tăiate la jumătate pe orizontală

Directii

a) Într-o cratiță mare, aduceți apa la fiert la foc mare. Se amestecă bulgurul și se sare ușor apa. Acoperiți, luați de pe foc și lăsați deoparte până când bulgurul se înmoaie și apa se absoarbe, aproximativ 20 de minute.

b) Între timp, într-o tigaie mare, încălziți uleiul la foc mediu. Adăugați ceapa și ardeiul gras, acoperiți și gătiți până se înmoaie, aproximativ 7 minute. Se amestecă roșiile, zahărul, muștarul, sosul de soia, pudra de chili și sare și piper negru după gust. Se fierbe timp de 10 minute, amestecând des.

c) Turnați amestecul de bulgur pe jumătatea inferioară a fiecărei rulouri, deasupra cu cealaltă jumătate și serviți.

92. Sandvișuri Muffaletta

Face 4 sandvișuri

Ingrediente:

- 1 cană măsline kalamata tăiate fără sâmburi
- 1 cană măsline verzi tocate umplute cu piment
- 1/2 cană pepperoncini tocat (ardei murați)
- 1/2 cană ardei roșii prăjiți la borcan
- 2 linguri capere
- 3 cepe verde, tocate
- 3 rosii prune, tocate
- 2 linguri patrunjel proaspat tocat
- 1/2 linguriță maghiran uscat
- 1/2 linguriță de cimbru uscat
- 1/4 cană ulei de măsline
- 2 linguri otet de vin alb

- Sare și piper negru proaspăt măcinat
- 4 rulouri de sandvici cruste, taiate la jumatate pe orizontala

Directii

a) Într-un castron mediu, combinați măslinele kalamata, măslinele verzi, pepperoncini, ardeii roșii, caperele, ceapa verde, roșiile, pătrunjelul, maghiranul, cimbru, uleiul, oțetul și sare și piper negru după gust. Pus deoparte.

b) Scoateți o parte din interiorul rulourilor de sandviș pentru a face loc umpluturii. Turnați amestecul de umplutură în jumătatea inferioară a rulourilor, împachetând ușor. Acoperiți cu jumătățile de rulada rămase și serviți.

GARNITURI

93. Supă de roșii

Porti 4

Ingrediente:

- 1 lingura de unt
- 1 ceapa, tocata
- 1 catel de usturoi, tocat
- 1 ½ linguriță de făină
- 3 cesti supa de pui sau legume
- 14 uncii de roșii conservate
- 1 frunză de dafin
- Sare
- Piper negru
- 2 linguri pesto de busuioc
- 1—2 linguri smântână groasă
- 8—12 frunze de busuioc proaspăt, rupte în bucăți mici

Directii

a) Topiți untul într-o cratiță mare cu fundul greu, apoi adăugați ceapa și usturoiul și gătiți ușor la foc mediu-mic, până când se înmoaie și se înclină spre aurii, dar nu se rumenesc.

b) Se presară făina și se fierbe, amestecând, aproximativ 1 minut, apoi se toarnă bulionul și se adaugă roșiile cu sucul lor, precum și foaia de dafin, sare și piper după gust. Aduceți la fierbere, apoi reduceți focul la mic, acoperiți tigaia și fierbeți ușor timp de 15 până la 20 de minute.

c) Scoateți frunza de dafin și aruncați-o. Cu o lingură cu fantă, îndepărtați substanțele solide din supă într-un robot de bucătărie sau blender și faceți piure, adăugând cât mai mult lichid este necesar pentru un amestec omogen. Reveniți piureul în oală, amestecând pentru a-l combina cu lichidul rămas.

d) Se încălzește, se adaugă pesto, se gustă pentru condimente și se servește. Ornați fiecare castron cu un strop de smântână sau o cupă de crème fraîche și o stropire de frunze proaspete de busuioc.

94. Pâine cu dovlecei și dovlecei de vară

Face borcane de aproximativ 4 litri

Ingrediente:

- Complet delicios cu preparate americane de vară, cum ar fi burgeri la grătar sau ton topit.

- 4—5 kilograme de dovlecei sau dovlecei de vară (orice dimensiune), tăiați în felii sau bucăți de ¼ până la ½ inch

- 6 cepe albe, feliate pe lungime

- 1 ardei gras verde, tocat

- 1 ardei gras rosu, tocat

- 5 catei de usturoi, taiati felii

- ½ cană sare grunjoasă

- Aproximativ 3 căni de gheață crăpată grosier

- 5 căni de zahăr brun la pachet

- 3 căni de oțet de cidru

- 3 linguri de seminte de mustar

- 1 lingura turmeric

- 1 lingura de seminte de telina

Directii

a) Într-un castron sau o oală mare, nereactiv, combinați dovleceii, ceapa, ardeii și usturoiul cu sarea și gheața. Se amestecă bine și se lasă să stea timp de 3 ore. Scurgeți lichidul de pe legume.

b) Într-o cratiță grea, mare, nereactivă, combinați legumele scurse cu zahărul brun, oțetul de cidru, semințele de muștar, turmeric și semințele de țelină.

c) Se încălzește împreună doar până la fierbere. Puneți o oală în borcane sterilizate și sigilați conform instrucțiunilor borcanelor.

95. Ardei prăjiți dulci și acrișori

Face aproximativ 2 cani

Ingrediente:

- 3 ardei gras roșii sau 2 ardei gras roșii și 1 galben
- Aproximativ 2 linguri de vin alb blând sau oțet de vin roșu
- 1 catel de usturoi, tocat
- 1 lingurita zahar Sare

Directii

a) Prăjiți ardeii la foc deschis pe deasupra unui aragaz sau sub broiler.
b) Așezați ardeii lângă sursa de căldură și întoarceți-i pe măsură ce se gătesc, lăsându-i să se usuce uniform.
c) Luați ardeii de pe foc și puneți într-o pungă de plastic sau într-un bol. Sigilați sau acoperiți ermetic și lăsați la abur cel puțin 30 de minute; aburul va separa pielea de pulpa ardeilor. Ardeii pot fi lăsați în pungă sau bol până peste noapte.
d) Decojiți și aruncați coaja neagră carbonizată a ardeilor, apoi îndepărtați

tulpinile și semințele. Clătiți majoritatea bucăților minuscule de material negru carbonizat de pe carne, punându-le sub jet de apă și frecând ici și colo. Câteva pete de piele înnegrită, precum și zone de piper nedecojit rămase în urmă, sunt în regulă.

e) Tăiați ardeii și puneți într-un castron cu oțetul, usturoiul, zahărul, un praf mare de sare și aproximativ 1 lingură de apă. Acoperiți bine și lăsați la rece cel puțin o zi.

96. Muştar chutney-curry

Face ½ cană

Ingrediente:

- ¼ cană de Dijon blând sau muștar integral cu 1 cană chutney de mango
- ½ linguriță pudră de curry

Directii

a) Combină totul.
b) Bucurați-vă.

97. Mustar cu salota si arpagic

Face ¼ de cană

Ingrediente:

- ¼ cană muştar de Dijon blând
- 1-2 salote, tocate marunt
- 2 linguri arpagic proaspat tocat

Directii

c) Combină totul.
d) Bucuraţi-vă.

98. Muştar de ghimbir proaspăt

Face aproximativ ¼ de cană

- 2 linguri muștar de Dijon blând
- 2—3 linguri muștar integral
- 1—2 lingurițe de ghimbir decojit proaspăt ras, după gust

Directii

a) Combină totul.
b) Bucurați-vă.

99. Muștar însorit cu citrice

Face aproximativ ¼ de cană

Ingrediente:

- ¼ cană muștar de Dijon blând
- ½ linguriță de lămâie sau coajă de lime rasă fin
- 1—2 lingurițe de suc proaspăt de lămâie sau lămâie

Directii

a) Combină totul.
b) Bucurați-vă.

100. Muștar provensal cu ardei roșu și usturoi

Face aproximativ ¼ de cană

Ingrediente:

- 3 linguri muștar de Dijon blând
- 1 lingura ardei rosu prajit tocat marunt
- 1 catel de usturoi, tocat marunt
- Un praf mare de ierburi de Provence

Directii

a) Combină totul.
b) Bucurați-vă.

CONCLUZIE

Brânza umilă la grătar este unul dintre acele alimente pe care le prețuim în copilărie, dar nu ne gândim niciodată de ce are atât de mult control asupra papilelor noastre gustative. ... este din cauza a 5-a aromă, umami, și în special a unui aminoacid care ne gâdilă papilele gustative pentru a experimenta aroma unică a unui sandviș cu brânză la grătar!

www.ingramcontent.com/pod-product-compliance
Lightning Source LLC
Chambersburg PA
CBHW070505120526
44590CB00013B/756